LES

TOMBEAUX

MODERNES

CHAPELLES — CROIX

MAUSOLÉES — PIERRES TOMBALES — SARCOPHAGES — STÈLES, ETC.

ALPHABETS POUR INSCRIPTIONS — ATTRIBUTS

PAR

PIERRE CHABAT

Architecte

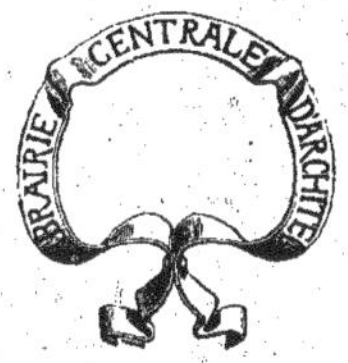

PARIS

LIBRAIRIES-IMPRIMERIES RÉUNIES

(ANCIENNE MAISON MOREL)

MAY et MOTTEROZ, Directeurs

13, rue Bonaparte, 13

1890

PRÉFACE

Les tombeaux témoignent de la vénération des peuples pour les morts, appartiennent à tous les temps et à tous les degrés de la civilisation ; de telle sorte qu'avec leur aide, on pourrait faire l'histoire de l'humanité.

Au début, chez les Grecs, chez les Romains, les monuments consacrés à la sépulture furent d'une grande simplicité : c'étaient ordinairement des tumuli en terre, de dimensions plus ou moins considérables, où l'on déposait l'urne cinéraire, qu'on entourait d'un mur et qu'on surmontait d'une stèle ou d'une colonne commémorative. Quelques-uns étaient creusés dans les rochers, comme les hypogées égyptiens, dont ils n'avaient cependant pas les dimensions ; l'entrée en était décorée d'une porte très simple et d'un petit portique d'ordre ionique.

En France, les tombes primitives ne furent, pour la plupart, que de simples auges en pierre. Toutefois, dans la période mérovingienne, on distinguait les tombeaux apparents, c'est-à-dire restés visibles et ornés de sculptures, et les tombeaux non apparents, beaucoup plus nombreux, mais simplement composés d'un cercueil dépourvu, en général, de toute ornementation et toujours enfoui sous le sol.

Les tombeaux apparents durent, à l'origine, être placés à découvert soit dans les cimetières, soit sous de petits édicules, soit dans les églises et les chapelles, ou bien encore sous des arcades, dans des cryptes ou des caveaux funéraires. Les plus remarquables étaient des sarcophages en marbre décorés souvent de personnages en bas-reliefs et de moulures. Le midi de la France nous offre de nombreux exemples de ces tombeaux. Les principaux sujets reproduits par les sculptures ont rapport à l'histoire du Christ ou sont puisés dans les traditions bibliques. On y trouve également les sujets emblématiques symbolisés par les Pères de l'Église, comme les palmiers chargés de fruits, les agneaux, les colombes, le monogramme du Christ, la couronne, etc., signes funéraires de la plus haute antiquité.

Plus tard, la forme fréquemment employée était celle d'auges plus larges du côté de la tête que du côté des pieds, et recouvertes de pierres plates ou en forme de toits à double pente. Ces formes subsistèrent jusqu'au xiie siècle.

Dès le xie siècle, et peut-être même avant, on commença à placer des statues sur les tombeaux ; mais cet usage ne devint général qu'un siècle plus tard. A la même époque, les pierres tombales ou dalles recouvrant les cercueils enfouis dans le sol reçurent une ornementation des plus riches.

Au xiiie siècle, les tombeaux présentent les trois types principaux que nous venons de décrire dans les sépultures des siècles précédents :

1° Les tombeaux avec arcades pratiquées dans les murs ou adossées contre eux;

2° Les tombeaux isolés;

3° Les grandes dalles historiées ou pierres tombales.

L'image du défunt est reproduite en relief sur les tombes abritées sous des arcades et sur les tombes isolées; elle est gravée sur les pierres tombales. Quelquefois, on a coulé en bronze les statues destinées à recouvrir les cercueils; mais les sépultures enfoncées sous le pavé des églises sont beaucoup plus nombreuses pendant ce siècle que les monuments hors de terre.

Au siècle suivant, les mêmes usages subsistent pour les tombeaux, qui ne diffèrent de ceux du xiiie siècle que par la manière dont les ornements sont traités.

Les tombeaux du xve siècle, aussi bien ceux qui sont placés sous des arcades que les tombes isolées, offrent une grande richesse de détails architectoniques. Toutefois, les monuments en pierre élevés à ciel ouvert dans les cimetières sont beaucoup plus simples; ils sont disposés de manière à favoriser l'écoulement des eaux et taillés en forme de toits.

L'époque de la Renaissance amena la représentation de la vie sur les tombeaux par des personnages, accompagnée de l'idée ou des emblèmes de la mort. Ainsi, à partir du xvie siècle, on figura quelquefois le défunt à genoux.

Dans certains monuments funéraires, le personnage est représenté dans la position la plus conforme à sa carrière et à ses habitudes; mais alors le cadavre couché est placé au-dessous, reposant sur le sarcophage. Tel est le tombeau élevé au sire Louis de Brézé, dans la cathédrale de Rouen. Le cadavre presque nu est couché sur un sarcophage de marbre presque noir; à ses pieds est une statue de la Vierge; derrière sa tête, la veuve éplorée est à genoux, en prières; le guerrier à cheval, armé de pied en cap, domine la composition.

Le xviie siècle introduisit un nouveau genre de tombeaux composés de la statue du défunt et d'un sarcophage accompagné de figures allégoriques.

De nos jours, on peut dire que la construction des tombeaux s'est développée considérablement et que les genres sont variés à l'infini. Leur architecture dépend du caprice de l'artiste et de son talent; mais, malgré les variations que l'on constate aujourd'hui, c'est encore l'imitation des formes grecques et romaines qui domine. Nous avons donc cherché à réunir dans ce recueil les notions générales que comporte l'art funéraire au xixe siècle, en faisant ressortir les différences caractéristiques des *tombeaux modernes* à l'aide des exemples de leurs principaux types.

Les tombeaux ou monuments funéraires, suivant la forme qu'on leur donne, se dénomment ainsi :

Sarcophage. — Le sarcophage est une sorte de récipient en pierre ou en marbre renfermant les restes mortels des personnages. Chez les anciens, ils avaient ordinairement la forme de caisses en bois; mais dans la suite on les fit en terre cuite, en pierre, en marbre, en porphyre même. La capacité en était variable : certains renfermaient les corps de deux époux et quelquefois même contenaient toute une famille.

Les couvercles qui fermaient les sarcophages de marbre étaient parfois d'une seule dalle de la même matière. Quelques-uns de ces couvercles avaient la forme d'une sorte de toiture se terminant par des frontons; d'autres étaient surmontés des figures mêmes des personnages représentés couchés.

Ces monuments sont généralement décorés de bas-reliefs offrant tantôt des compositions fantaisistes, tantôt des scènes mythologiques ou historiques, ou bien encore des figures relatives à la profession ou aux goûts du défunt.

Lorsque le sarcophage ne contient pas le corps du défunt et qu'il n'est simplement qu'un monument élevé à sa mémoire, il prend le nom de *Cénotaphe*.

Stèle. — Chez les Grecs, ce mot désignait une colonne, un cippe, un terme, ou un obélisque, en un mot tout monument en pierre ou en marbre, de forme plus ou moins allongée, à section circulaire ou carrée.

De nos jours, ce mot s'applique particulièrement aux pierres funéraires isolées ou posées sur les tombes.

Pierre tombale. — La pierre tombale est simplement une dalle en pierre ou en marbre recouvrant un tombeau et qui se place presque au niveau du sol.

Certaines pierres tombales sont exécutées avec une grande richesse de détails, tant pour les costumes ou attributs des personnages que pour les compositions architecturales qui les accompagnent; mais dans certains pays où l'on est obligé d'employer le granit, les grès ou des roches dures, ces dalles funéraires ne reçoivent que fort peu de moulures; on y figure simplement en creux ou en relief une croix avec quelques attributs rappelant la profession du défunt.

Pierre commémorative. — En général, la pierre commémorative est élevée pour perpétuer le souvenir d'un fait historique, militaire ou autre.

L'usage de ces pierres est fort ancien; de certaines sont faites de pierres d'un seul bloc; d'autres, au contraire, sont de véritables monuments.

Croix. — Les croix, très rares avant le xvᵉ siècle, forment aujourd'hui le principal ornement des tombes ordinaires, elles sont en bois, en pierre ou en fer; les premières sont généralement fort simples en raison du peu de durée que présente la matière même dont elles sont formées; parmi les autres on en rencontre dont la richesse et l'élégance des ornements en font des œuvres d'art.

Certains tombeaux possèdent aussi des croix en fer forgé ou en pierre; ces dernières sont en plus grand nombre et sont quelquefois très importantes et remarquables par l'originalité et la variété de leur exécution.

Chapelle. — Parmi les constructions funéraires élevées de nos jours, la chapelle est, sans contredit, celle qui comporte le plus de variations dans ses formes et ses dimensions. De certaines, d'un effet grandiose, comme celle de M. Thiers au Père La Chaise, par exemple, sont de véritables mausolées, alors que d'autres sont construites simplement sur un terrain ordinaire de 1 mètre sur 2.

La chapelle se compose de 4 faces dont 3 se trouvent fermées ou ajourées au moyen de baies; la 4ᵉ face est une baie munie d'une grille en fer forgé ou d'une porte métallique souvent ornée d'attributs, de découpures à jour, etc.; à l'intérieur, au fond, est placé un autel.

Nous terminerons en disant quelques mots sur le mode de construction des *caveaux* et les règlements auxquels ils sont soumis.

Dans les cimetières des villes, les caveaux sont des constructions souterraines destinées à recevoir plusieurs cercueils superposés et n'occuper, en superficie, que la place de terrain nécessaire à la sépulture d'une seule personne.

Le mode de construction des caveaux, dans les concessions à perpétuité, dépend de la dimension du terrain que l'on a à sa disposition.

La concession ordinaire est de 2 mètres superficiels, c'est-à-dire 1 mètre sur 2. Dans ce cas, il est permis d'occuper, en plus du terrain concédé, mais seulement jusqu'au niveau du sol, un empâtement de 0m20 sur les côtés et de 0m30 aux pieds et à la tête du terrain, ce qui permet de

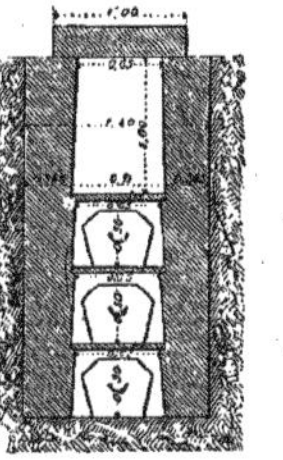

Fig. 1.

donner une épaisseur suffisante aux murs du caveau et de laisser un vide réglementaire et forcé de 2 mètres de longueur sur 0m65 de largeur, la hauteur de chaque place de caveau devant être de 0m50. En conséquence, la maçonnerie de chaque côté latéral du caveau est construite en talus sur une hauteur de 0m50, afin de ménager les retraites nécessaires à la pose de dalles en pierre de 0m05 d'épaisseur, que l'on scelle hermétiquement, à mesure que chaque place du caveau est occupée par un cercueil. Cette disposition est indiquée par la figure 1, en coupe transversale, et par la figure 2, en coupe longitudinale à l'échelle de 0m02 pour mètre.

D'après le règlement, la case du caveau la plus haute doit être à un mètre en contre-bas du sol. La profondeur du caveau est facultative et l'on peut, en profondeur, établir autant de places que l'on désire, si toutefois la nature du sol le permet. Bien que la dernière case du haut soit à 1 mètre plus bas que le sol, on monte les murs du caveau jusqu'au niveau du sol, d'abord pour donner libre passage aux cercueils, ensuite pour que ces murs viennent supporter le monument qui recouvre le caveau. Ce dernier devant occuper un emplacement qui ne dépasse pas 1 mètre sur 2 mètres, les murs de la partie comprise entre la dernière case et le sol, partie que l'on appelle *mètre sanitaire*, sont construits en surplomb, de manière à éviter le porte-à-faux du monument.

Les matériaux ordinairement employés à Paris, pour la construction des caveaux, sont les moellons piqués et la meulière brute ou piquée, hourdés en mortier de chaux hydraulique ou ciment.

En province, les caveaux se construisent en matériaux

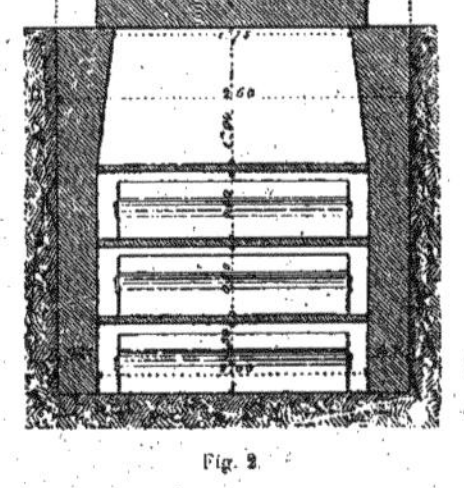

Fig. 2.

du pays, soit en briques, soit en pierres ; mais les mesures intérieures en usage à Paris sont généralement adoptées dans les villes. Dans les communes rurales il n'y a pas de règles fixes pour la construction des caveaux : chaque village a sa coutume particulière.

Outre les caveaux simples, on construit aussi des caveaux doubles, c'est-à-dire avec deux rangs de places mitoyennes ; il faut, dans ce cas, avoir à sa disposition un terrain d'au moins 1m80 de façade. La séparation des deux rangs de cases a lieu au moyen de murs de refend en pierre d'environ 0m15 d'épaisseur, suivant figure 3. Les mesures intérieures sont les mêmes que dans le premier cas, c'est-à-dire 2 mètres de longueur, 0m65 de largeur, 0m50 de hauteur. Toutefois, il est bien entendu

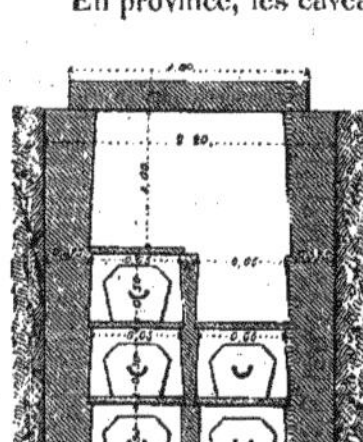

Fig. 3.

que ces mesures sont des minima et que l'on peut faire plus grand si l'on a une place suffisante.

On construit aussi des caveaux dits à tiroirs, et pour lesquels le terrain employé doit avoir également 1^m80 de façade. Dans ces caveaux il y a deux rangs de places; mais un côté sert de passage aux cercueils et ne peut être occupé que lorsque les tiroirs sont remplis. Ceux-ci sont fermés par des dalles de 0^m20 d'épaisseur, scellées par trois côtés dans l'épaisseur des murs. On ferme les cases occupées en posant les dalles verticalement devant les tiroirs et horizontalement pour les autres places. A cet effet, il faut ménager des feuillures dans les dalles formant tiroir pour recevoir les dalles de fermeture, comme l'indique notre figure 4, qui représente la coupe transversale d'un de ces caveaux, à l'échelle de 0^m02 pour mètre. On donne à chaque place 0^m70 de hauteur afin que, la dalle de 0^m20 posée, il reste 0^m50 de vide pour recevoir le cercueil.

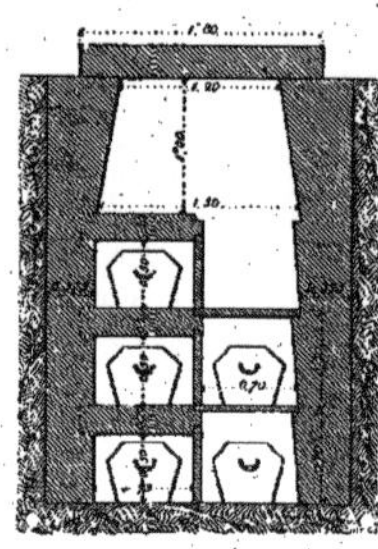

Fig. 4.

On peut construire à 3, 4, 5 et 6 rangs de places, à la condition d'observer toujours les mêmes règles et en se procurant un terrain suffisant.

Afin d'exécuter une bonne construction, il faut établir au fond du caveau un béton de 0^m25 à 0^m50 d'épaisseur, pour asseoir toute la maçonnerie et éviter les tassements, surtout si le monument à élever sur le caveau doit avoir une certaine importance.

Enfin, nous ferons remarquer que nos figures 1, 2, 3 et 4 indiquent les cases des caveaux remplies et fermées, à l'exception d'une seule qui attend un dernier cercueil.

Pierre CHABAT.

DESCRIPTION DES PLANCHES

Planche I

Les deux tombeaux représentés sur notre planche I ont été exécutés d'après les dessins de M. E. Viollet-le-Duc, architecte.

Les caniveaux évidés et la pierre tombale du tombeau de la famille Bachelet sont en roche de Laversine, et la croix est en liais de Senlis. La dépense a été de 1,200 fr.

Le tombeau de la famille Morel, entièrement en pierre d'Euville, a coûté 2,500 fr.

Planche II

Le tombeau de la famille Fouret a été exécuté d'après les dessins de M. Vaudoyer, architecte, par M. A. Thiébault pour la sculpture, M. Facchina pour la mosaïque de la croix, et M. Labatie pour la marbrerie.

La dépense de ce monument se détaille ainsi :

Marbrerie.	2,079 20
Sculpture.	1,860 »
Mosaïque.	100 »
Total de la dépense.	4,039 20

Le monument de M. Debarsée, musicien anversois, professeur au Conservatoire et chef de musique de la légion de la garde civique d'Anvers, a été exécuté d'après les dessins de M. Winders, architecte à Anvers. Les fondations sont en briques de Boom, le socle est en pierre d'Euville et le reste du monument en pierre de Savonnières.

Élevé par souscription entre ses amis, ce tombeau n'a coûté que 1,200 fr., l'architecte et le sculpteur ayant donné leur concours à titre gracieux.

Le tombeau de la famille Flachéron est en granit; le caveau, comprenant 4 cases, est en meulière hourdée au mortier de chaux hydraulique et dallage de fond. Ce monument, exécuté d'après les dessins de M. Flachéron, architecte, par MM. Lebègue et Cie, marbriers, a coûté 1,525 fr.

Planche III

Ce tombeau a été exécuté au cimetière Montparnasse, par M. Labatie, marbrier, d'après les dessins de M. Chabat, architecte.

Pour se conformer au désir exprimé par son client, l'architecte a dû placer sur la pierre tombale un vase pour recevoir des fleurs.

Le monument est entièrement en roche d'Euville; le caveau, comprenant 8 cases, est en meulière brute, et il existe deux dallages de fond et deux dallages de recouvrement.

La dépense se détaille ainsi :

Marbrerie.	926 50
Grille.	300 »
Caveau.	1,338 50
Total de la dépense.	2,565 »

Planche IV

Le monument élevé au cimetière d'Amiens à la mémoire d'Amédée Maintenay, a été exécuté d'après les dessins de M. Duthoit, architecte. Ce monument est en roche de Saint-Maximin et a coûté 400 fr.

Celui du cimetière Montparnasse, quoique fort simple, n'est pas dépourvu d'intérêt et d'originalité. Il a été exécuté en pierre d'Euville et la dépense s'est élevée à 800 fr.

PLANCHE V

Le monument exécuté d'après les dessins de M. Gaston Aubry, architecte, a été fait en 1885 sur un caveau existant déjà depuis de longues années. Toute la partie hors de terre est en granit de Belgique, et l'exécution a eu lieu sur carrière même, chez MM. Grégoire Wincqz et Cⁱᵉ, à Soignies; la sculpture a été épannelée également sur carrière, et la dépense se détaille ainsi :

Monument rendu à pied d'œuvre. . .	850 45
Pose.	150 »
Gravure des inscriptions. . . . . . :	70 »
4 patères porte-couronnes en granit.	16 »
Achèvement de la sculpture sur place.	225 »
Total de la dépense.	1,320 45

Toutefois, nous croyons devoir faire observer que si l'architecte ne s'était pas adressé directement sur carrière, ce prix serait beaucoup plus élevé.

Le tombeau du colonel Bamberger a été exécuté d'après les dessins de M. Bouwens van der Boyen, architecte. La dépense totale de ce monument, entièrement en pierre d'Euville, s'est élevée à 2,300 fr.

PLANCHE VI

Ce monument, élevé à la mémoire d'un des principaux agriculteurs de la contrée, a été exécuté au cimetière de Saint-Leu-Taverny, par M. Isoré, marbrier, d'après les dessins de M. Chabat, architecte.

Les dalles formant caniveaux et les parpaings sont en roche d'Euville; le sarcophage et la stèle sont en pierre d'Echaillon blanc.

La dépense totale s'est élevée à 2,700 fr. dont 1,700 fr. pour la marbrerie et 1,000 fr. pour la sculpture, due au ciseau de M. Chédeville.

PLANCHE VII

Les deux tombeaux représentés sur notre planche VII ont été exécutés au cimetière de Neuilly, d'après les dessins de M. Simonet, architecte, par M. Vignau, marbrier.

Celui de la famille P. M., dont le caveau en meulière piquée comprend deux cases, est en roche d'Euville et a coûté 3,310 fr. 65.

La pierre tombale de Louise Guttin est en Échaillon, parpaings en granit; le caveau a 2 cases avec béton et plancher de fond, moellons hourdés jointoyés. La dépense s'est élevée à 1,400 fr.

PLANCHE VIII

Le tombeau de Pierre Larousse, auteur du Grand Dictionnaire universel du xixe siècle, a été exécuté par M. Réghier, marbrier, d'après les dessins de M. Vaudremer, architecte.

Ce monument est en comblanchien et a coûté, buste non compris, la somme de 9,000 fr.

PLANCHE IX

Le monument élevé au cimetière d'Amiens à la mémoire de Leroy-Digeon, entrepreneur de bâtiments, a été exécuté d'après les dessins de M. Duthoit, architecte.

Ce tombeau, entièrement en pierre de Chauvigny, a nécessité une dépense totale de 2,000 fr.

PLANCHE X

Ce monument a été élevé par souscription à la mémoire de l'abbé Diot, curé de Montmorency : c'était un hommage rendu au caractère bienveillant et à la dignité de l'excellent prêtre, homme de bien avant tout, dont les habitants de Montmorency garderont longtemps le souvenir.

Le tombeau, très simple, est formé d'une pierre tombale portée sur quatre piliers; la face antérieure de la pierre est ornée d'une croix enlacée par des rinceaux; sur la face postérieure se trouve la dédicace, et une bande de feuilles de laurier décore les faces latérales.

Ce tombeau, exécuté d'après les dessins de M. Lucien Magne, architecte, est entièrement en pierre d'Euville et a coûté 2,000 fr.

PLANCHE XI

Le tombeau de la famille Hénard a été exécuté au cimetière Montmartre, d'après les dessins de M. J. Hénard, architecte.

La stèle est en pierre d'Euville; la pierre tombale et le socle formant caniveaux sont en granit; le caveau, qui contient 7 cases, est en meulière et mortier de chaux hydraulique. La dépense de ce monument s'est élevée à 2,000 fr.

PLANCHE XII

Le tombeau de la famille Maeyer a été exécuté au cimetière de Passy, d'après les dessins de M. Jules Suffit, architecte.

Ce monument est en granit de Bretagne, dit de Cherbourg, gris, moucheté de bleu ardoise; la jardinière ainsi que le tombeau formant fermeture du caveau sont en granit. Les ornements, exécutés par M. Facchina, sont en mosaïques de Venise, polychromes sur fonds or et argent.

La dépense se détaille ainsi :

Granit, jardinière, etc. . . .	5,400	»
Pose.	400	»
Mosaïques.	1,000	»
Total de la dépense . . .	6,800	»

PLANCHE XIII

Le tombeau du statuaire Perraud a été exécuté au cimetière Montparnasse, d'après les dessins de M. Vaudremer, architecte. Ce monument, entièrement en pierre d'Euville de choix, a coûté, non compris le buste, la somme de 7,400 fr.

PLANCHE XIV

La sépulture de la famille Arnal a été exécutée au cimetière Montmartre, par MM. Ramon et Bourdon, marbriers, d'après les dessins de M. Auguste Rolin, architecte.

La stèle, la pierre tombale et le monument sont

en marbre blanc veiné, tout le soubassement est en granit de Cherbourg; le caveau, construit sur un terrain de 5 mètres, est divisé en 9 cases et a été exécuté en meulière hourdée au mortier de chaux hydraulique et sable de rivière.

Ce monument a coûté 6,104 fr. 75.

PLANCHE XV

La chapelle de la famille Poitrey a été exécutée au cimetière de Neuilly, par M. Vigneau, marbrier, d'après les dessins de M. Simonet, architecte.

Le caveau, en meulière rocaillée, comprend six cases ; le monument est entièrement en pierre d'Euville et la porte est en bronze. La dépense s'est élevée à 4,200 fr.

Le tombeau de Théodore Barrière a été élevé au Père La Chaise, aux frais d'une souscription ouverte entre ses amis et admirateurs, d'après les dessins de M. A. Magne, architecte.

Ce monument est entièrement en marbre blanc, gracieusement fourni par le Ministre des Beaux-Arts; le buste est en marbre statuaire également donné par l'État.

En déduisant la valeur du marbre, qu'on peut estimer à 4,600 fr., le tombeau a coûté, pour le surplus de la fourniture et de la main-d'œuvre, y compris le caveau, la somme de 12,000 fr.

Le tombeau de la famille Lionnet a été exécuté au cimetière Montmartre, par M. Desclers, marbrier, d'après les dessins de M. Abel Chancel, architecte.

Ce monument, entièrement en roche d'Euville, a occasionné une dépense totale de 1,650 fr.

PLANCHE XVI

Le tombeau des familles Magne-Fournier a été exécuté au cimetière du Père La Chaise, par M. Guy, marbrier, d'après les dessins de M. Genuys, architecte.

Ce monument, entièrement en Euville de marbrier, a occasionné une dépense de 3,000 fr.

La sculpture d'ornement est due au ciseau de M. Bloche.

PLANCHE XVII

Ce monument, exécuté entièrement en pierre de Soignies, a été élevé par souscriptions privées à M. Mils, ancien professeur des écoles académiques de Roubaix, en raison des services rendus. M. Dubois, architecte, et M. Crauk, statuaire, ont prêté leur concours à titre gracieux.

Les dépenses se détaillent comme suit :

Fondations et caveau (3 places) . .	656 »
Monument.	2,641 80
Bronzes.	229 75
Total de la dépense. . . .	3,527 55

Planche XVIII

Le tombeau de la famille Lagaldie a été exécuté au cimetière Montparnasse, d'après les dessins de M. Pronier, architecte, par M. Lozouet, marbrier; la sculpture est due au ciseau de M. de Tombay.

Ce monument devait être entièrement en pierre d'Euville, sur un caveau en moellons équarris, de 4 cases, plus le mètre sanitaire, pour la somme de 1,450 fr.; mais, par économie, la stèle a été exécutée en Savonnières, ce qui a réduit la dépense à 1,250 fr., qui se décomposent comme suit :

Caveau.	300 »
Monument	800 »
Sculpture, ...	150 »
Total de la dépense. . . .	1,250 »

Planche XIX

Le tombeau Duc a été élevé sur le caveau même de sa famille, et, en raison de l'exiguïté du terrain, l'architecte n'a pas pu donner à ce monument tout le développement qu'il comportait.

Le socle formant pierre tombale est en granit, et la stèle, exécutée d'un seul morceau, est en pierre de roche de la fontaine du Breuil (Vienne).

Le médaillon est dû au ciseau de M. Chapu, et les ornements ont été modelés par M. Hayon.

La dépense totale s'est élevée à 9,000 fr.; mais nous ferons observer que le caveau de famille existait déjà, et, de plus, que, pour le médaillon et les ornements, MM. Chapu et Hayon n'ont demandé que leurs frais de pratique.

Planche XX

Le monument de Le Verrier, célèbre astronome, a été exécuté au cimetière Montparnasse, d'après les dessins de M. Genuys, architecte. La sculpture est due à MM. Decorchemont et Convers.

La pyramide et la sphère, qui forment un seul bloc, sont en Anstrudo gris; la pierre tombale et le socle sont en Euville de marbrier.

Ce monument a coûté environ 3,000 fr.

Planche XXI

Le tombeau de la famille Racary a été exécuté au cimetière de Saint-Chéron, par M. Jacquier, marbrier, d'après les dessins de M. Vaudremer, architecte.

Ce monument, entièrement en granit de Normandie, a occasionné une dépense totale de 4,600 fr.

Planche XXII

La chapelle de la famille Valadin a été construite au cimetière Montparnasse, par M. Cahen, marbrier, d'après les dessins de M. Marcel, architecte.

Sauf la partie sculptée qui se trouve au-dessus de la porte, entre les deux pilastres, qui est en Breuil, cette chapelle est entièrement en pierre d'Euville; les caniveaux sont en granit; la porte, d'une valeur de 1,500 fr., est en bronze.

Ce monument, non compris les frais de sculpture, a coûté 13,500 fr.

Planche XXIII

Ce tombeau a été exécuté au cimetière Montparnasse, d'après les dessins de M. Ruprich-Robert, architecte.

Le monument est entièrement en pierre d'Euville; sur chaque face latérale se trouvent trois porte-couronnes pris dans la pierre même; tous les ornements sont sculptés en creux et teintés en brun rouge.

La dépense totale peut être évaluée à 1,500 fr. environ.

Planche XXIV

Le monument de Rodrigues Pereire a été élevé au cimetière Montmartre, par M. Bouillard, marbrier, d'après les dessins de M. Bouwens van der Boyen, architecte.

Le caveau est en meulière et ciment, et le tombeau est entièrement en marbre blanc veiné; la dépense totale s'est élevée à 9,000 fr.

Planche XXV

Le tombeau Hardon a été exécuté au cimetière Montparnasse, par M. Labatie, marbrier, d'après les dessins de M. Fulgeras, architecte. La sculpture est due au ciseau de M. Leleu.

Le monument est entièrement en Euville de marbrier, et les caniveaux évidés sont en granit.

La dépense se détaille comme suit :

Marbrerie	3,000	»
Grille en bronze	2,000	»
Sculpture	3,000	»
Total de la dépense	8,000	»

Planches XXVI et XXVII

La chapelle de la famille Odier-Puerari a été exécutée au cimetière du Père La Chaise, d'après les dessins de M. Lucien Magne, architecte.

Ce monument, ouvert sur une face, est une salle couverte par une pierre formant toit à deux pentes ; la face, formant fronton, porte une croix sur fond niellé de feuilles de lierre ; la corniche est décorée d'une ligne de fleurs ; la porte en fer forgé, ajouré, est ornée dans la partie haute d'une couronne, au centre de laquelle se trouve un bouquet de marguerites en souvenir d'une jeune fille qui y fut ensevelie la première.

Un autel, dont les murs sont décorés de versets, forme le fond de la chapelle.

Cette chapelle est entièrement en pierre d'Euville, et la dépense s'est élevée à 10,000 fr.

Planche XXVIII

Le tombeau de la famille Moreau a été exécuté, d'après les dessins de M. Bruneau, architecte, par M. Léturgeon pour la marbrerie, M. Laonst pour la sculpture et la maison Marchand pour le bronze d'art.

La pierre employée est celle d'Euville et la dépense se décompose ainsi :

Marbrerie	4,526	»
Sculpture	500	»
Bronze d'art	1,060	»
Porte-couronnes	160	»
Total de la dépense	6,246	»

Planche XXIX

Le tombeau de Mme Delaroche est d'un style simple et sévère, mais il est remarquable par son expression religieuse très accusée, pour ainsi dire, et impossible à méconnaître.

Ce caractère ne lui est pas communiqué uniquement par la croix, symbole de la foi chrétienne, qui surmonte le monument et semble solidement plantée sur l'édifice comme l'étendard de celle qui l'habite ; cet effet est dû à tout l'ensemble du mausolée, à sa forme générale, qui rappelle l'Église, la Prière, la Religion.

Regardé de près, ce tombeau est remarquable à un autre titre encore. Il attire, en effet, le regard par une ornementation abondante, fine et serrée, qui en couvre toutes les parties : ce sont des fleurs et autres motifs variés, des moulures délicates comme des dentelles qui courent sur tous les bords de l'édifice.

Le mausolée est entouré d'un jardin enclos par une grille appuyée sur un soubassement en pierre. Aux quatre angles de la grille sont de jolies colonnettes géminées, autour desquelles s'enroule un lierre, qui contribuent à donner à l'ensemble un air fort gracieux.

L'intérieur peut être aperçu à travers trois ouvertures en forme de quatre-feuilles, évidées dans la longueur de l'édifice. Sur le mur du fond se trouve un médaillon qui porte, sculptés, les traits de la défunte ; un suaire étendu sur le sol marque la place du cercueil et une couronne indique l'endroit où repose la tête.

L'épitaphe qu'on lit sur la façade est encadrée dans une bordure originale qui imite une incrustation de pierreries. Ce cadre semble être entouré d'un second qui est formé par la saillie que fait, en largeur, la façade postérieure qui porte la croix. Cette saillie est divisée en deux bandeaux ornés, l'un de rinceaux, l'autre de fleurons.

Ce tombeau a été construit d'après les dessins de M. Félix Duban, architecte.

Planche XXX

Le monument Cierckens a été exécuté au cimetière Montparnasse, par MM. Richard et Cie, marbriers, d'après les dessins de M. Hügelin, architecte.

Ce tombeau est recouvert d'un édicule en granit en forme de toiture ou abri. Une porte en bronze marque l'entrée du cercueil, et deux bancs, taillés dans la masse du granit, peuvent servir de lieu de repos ou d'emplacement pour déposer les couronnes.

Les fondations sont en meulière et ciment; le monument est entièrement en granit noir de Flandre, poli; la dépense totale est montée à 10,700 fr.

d'après les dessins de M. Bouwens van der Boyen, architecte.

Le tour des caniveaux est en granit de Normandie; la stèle et le sarcophage sont en marbre blanc veiné de Carare. La dépense s'est élevée à 6,000 fr., non compris la sculpture.

PLANCHE XXXI

Le monument de Martin Coster a été exécuté au cimetière Montmartre, par M. Lambert, marbrier,

PLANCHE XXXII

Le monument de la famille André a été exécuté au cimetière de Versailles, par M. Piret fils, mar-

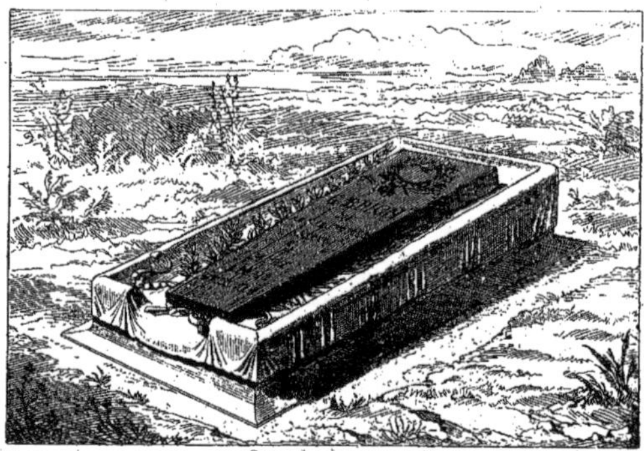

Fig. 5.

brier, d'après les dessins de M. Deverin, architecte.

Ce tombeau est en granit de Hongrie, appelé syénit clair ou porphyre gris; le caveau est en meulière hourdée au ciment Portland anglais avec sable de rivière, et le fond est en béton de meulière; la grille est en fer estampé.

La dépense pour ce monument se détaille comme suit :

Marbrerie.	8,000	»
Caveau.	1,500	»
Grille	1,908	»
Total de la dépense. . .	11,408	»

d'après les dessins de M. Deruaz, architecte.

La crypte et le socle sont en pierre d'Euville; le sarcophage et son socle sont en marbre blanc; la stèle est en granit de Belgique; l'escalier, composé de 12 marches, est en roche fine du pays; les deux lions sont en marbre; la porte, le trépied, les palmes et les tables d'inscriptions, sont en bronze.

La dépense se détaille ainsi :

Marbrerie et maçonnerie .	12,885	»
Sculpture.	3,000	»
Bronzes.	1,000	»
Total de la dépense. . .	16,885	»

PLANCHE XXXIII

Le tombeau du château de La Ferté Saint-Aubin, représenté sur notre planche XXXIII, a été exécuté

PLANCHE XXXIV

Le tombeau de la famille Manguin a été exécuté au cimetière Montmartre, par M. Desclers, marbrier, d'après les dessins de M. Manguin, architecte.

Ce monument est entièrement en roche d'Euville et a nécessité une dépense, sculpture comprise, de 2,300 fr.

PLANCHE XXXV

Le tombeau de Gustave Brion, artiste peintre, a été exécuté au cimetière Montparnasse, par M. Duport, marbrier, d'après les dessins de M. Hügelin, architecte.

Sur un linceul en marbre blanc, couvert de palmes et de lauriers, est placé le cercueil, qui est en marbre noir; en tête se trouve une couronne sculptée avec les attributs de la peinture rattachant les décorations, et le monument est entouré d'une bande de lierre.

Toutes les sculptures devaient être exécutées en bronze, mais les ressources ayant fait défaut, on a dû se résigner à les faire dans le marbre même.

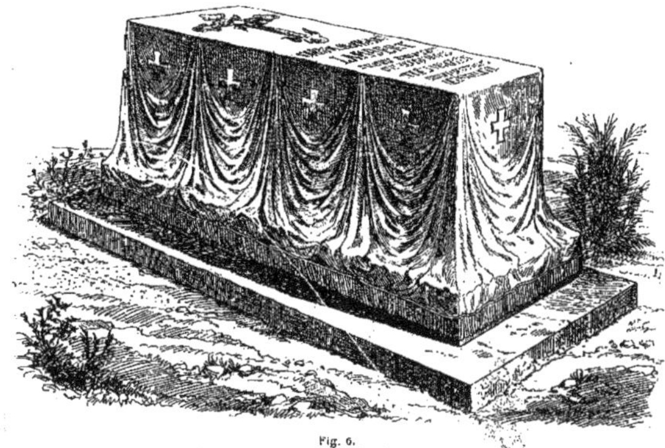

Fig. 6.

Le marbre a été gracieusement fourni par le Ministère des Beaux-Arts, qui a également contribué à une partie des dépenses, qu'il nous est impossible d'évaluer.

Notre planche XXXV représente ce tombeau comme pierre tombale, en plan géométral, afin de bien faire ressortir la décoration; mais, pour donner une idée plus exacte de ce monument, nous en reproduisons, figure 5, une vue perspective.

M. Hügelin a également fait exécuter, d'après ses dessins, au cimetière Montparnasse, le tombeau de F. B. Lambert, architecte, que nous jugeons non moins intéressant, à plusieurs points de vue, que celui de Brion. Nous le reproduisons ci-dessus, figure 6.

Nous avons tenu à mettre sous les yeux de nos souscripteurs une œuvre dont l'idée juste, simple et originale, se trouve pittoresquement exprimée.

Le monument est un simple cercueil recouvert d'une draperie sur laquelle la croix de Jérusalem est sculptée, en souvenir de la représentation officielle de l'architecture française à Jérusalem, dont fut chargé F. B. Lambert.

Ce tombeau est en pierre de Savonnières reposant sur un parpaing en roche d'Euville; la dépense, caveau compris, s'est élevée à 1,030 fr.

PLANCHE XXXVI

Ce tombeau a été construit au cimetière de Chaville, sur un terrain de 4 mètres carrés, d'après les dessins de M. Paul Gion, architecte.

La stèle est en Savonnières et le socle en pierre de Lorraine; le caveau, en meulière, contient 2 cases. La dépense se détaille ainsi :

Marbrerie.	1,000	»
Sculpture.	300	»
Grille.	400	»
Peinture et divers.	50	»
Total de la dépense.	2,350	»

Planche XXXVII

Le tombeau d'Edmond About a été exécuté au Père La Chaise, par MM. Devoisines et Cⁱ⁰, marbriers, d'après les dessins de M. Bouwens van der Boyen, architecte.

Tout le monument est en granit de Flandre; le caveau est en meulière et mortier de ciment, avec quatre dosserets en roche formant libages aux angles, sur un massif de béton avec cimaises et dallage de fond en roche dure.

La dépense s'est élevée à 8,000 fr., non compris la statue, qui a été exécutée en bronze pour la somme de 10,000 fr.

Planche XXXVIII

Cette chapelle a été exécutée au cimetière de La Ferté-sous-Jouarre, par M. Bourdon, marbrier, d'après les dessins de M. Héneux, architecte.

Ce monument est élevé sur un terrain de 5 mètres de façade sur 2ᵐ60 de profondeur; un caveau, renfermant 18 cases, règne sous toute la surface du terrain. La chapelle est en roche d'Anstrude, jusqu'à la corniche; la voûte intérieure et le toit sont en ban royal dur de Méry; la porte est en bronze, et l'autel, à l'intérieur, est en marbre blanc.

Les substructions ont demandé beaucoup de soin, car il y a dans le cimetière de La Ferté-sous-Jouarre une nappe d'eau qu'il fallait éviter. Pour y arriver, on a fait, tout autour du mur en fondation, un caniveau dont l'intrados est plus élevé que cette nappe; dans le cas où l'eau pénétrerait, elle serait rejetée par le caniveau dans un puisard construit à cet effet.

La dépense totale a été de 35,000 fr. Ce chiffre peut paraître excessif, mais il faut tenir compte des conditions du terrain, et, aussi, des 18 places à occuper dans le caveau.

Planche XXXIX

La chapelle de la famille Dupont-Chapiron a été exécutée au cimetière de Neuilly d'après les dessins de M. Simonet, architecte, par M. Vignau, marbrier.

Le caveau, contenant six cases, est en meulière, parpaings en Euville, et le monument est en Savonnières.

La dépense se décompose ainsi :

Marbrerie	4,000	»
Ferronnerie	375	»
Sculpture	740	»
Décoration intérieure	150	»
Total de la dépense	5,265	»

Planches XL et XLI

Les chapelles des familles Beer, à Londres, et Bates, à New-York, ont été exécutées d'après les dessins de M. Bouwens van der Boyen, architecte.

Ces deux monuments devaient se construire à Paris, sous la direction de M. Bouwens, et être transportés à pied-d'œuvre, entièrement terminés; mais la difficulté, et surtout la dépense qu'aurait entraîné ce genre d'opération, y a fait renoncer; l'exécution a eu lieu sur place, suivant les détails fournis par l'architecte.

Les matériaux prévus pour le tombeau Beer étaient la pierre d'Euville et le granit pour le socle et les caniveaux. Le tombeau de la famille Bates devait s'exécuter en roche de Vilhonneur ou roche de Breuil, caniveaux et socle également en granit.

Planche XLII

Le tombeau de la famille Pommier a été exécuté au cimetière Montparnasse, par M. Labalie, marbrier, d'après les dessins de M. Weyland, architecte.

Le monument est entièrement en pierre d'Euville et a coûté 1,000 fr., plus 500 fr. pour la sculpture, ce qui porte la dépense à 1,500 fr.

Planche XLIII

Le tombeau de Longepied, statuaire, a été exécuté au cimetière Montparnasse par M. Bouchez-Beru, marbrier d'Arras, d'après les dessins de M. Poussin, architecte. La sculpture a été exécutée à titre gracieux par MM. Roty et Coutan, amis du défunt.

Le monument, sauf le buste, qui est en bronze, est entièrement en marbre d'Écaussines. La dépense, non compris la sculpture, s'est élevée à la somme de 1,200 fr.

PLANCHE XLIV

Le tombeau Émile Thomas a été exécuté au cimetière de Neuilly, par M. Vigneau, marbrier, d'après les dessins de M. Simonet, architecte.

Les parpaings, la pierre tombale et le socle sont en pierre d'Euville, et la stèle est en Tercée. La dépense s'est élevée à 1,000 fr.

Le tombeau de Joséphine-Isabelle Rodier a été exécuté au cimetière Montmartre, d'après les dessins de M. Rolin, architecte, par M. Lecointe, marbrier.

Le caveau est construit en moellon de roche de Châtillon, piqué et hourdé en mortier de chaux hydraulique et sable de rivière, jointoyé en ciment romain. Le soubassement, formant parpaings, est en pierre de roche douce; la pierre tombale et la stèle en banc royal (roche douce).

Le monument a coûté la somme de 1,250 fr.

PLANCHES XLV, XLVI, XLVII ET XLVIII

Notre planche XLV donne les majuscules et les minuscules de l'alphabet grec. Nous complétons les renseignements de cette planche par les indications ci-dessous, qui faciliteront l'application de ces lettres.

Figure.	Noms.		Valeur.
A, α,	ἄλφα,	alphε,	a.
B, β, 6,	βῆτα,	bèta,	b.
Γ, γ,	γάμμα,	gamma,	g.
Δ, δ,	δέλτα,	delta,	d.
E, ε,	εψιλὸν,	epsilon,	é bref.
Z, ζ,	ζῆτα,	zéta (dzeta),	z, ds.
H, η,	ἦτα,	éta,	é long.
Θ, θ,	θῆτα,	théta,	th.
I, ι,	ἰῶτα,	iôta,	i voyelle.
K, κ,	κάππα,	cappa,	k, c.
Λ, λ,	λάμβδα,	lambda,	l.
M, μ,	μῦ,	mu,	m.
N, ν,	νῦ,	nu,	n.
Ξ, ξ,	ξῖ,	xi,	x (cs, gs).
O, o,	ὀμιτρὸν,	omicron,	o bref.
Π, π,	πῖ,	pi,	p.
P, ρ,	ῥῶ,	rho,	r, rh.
Σ, σ, ς,	σίγμα,	sigma,	s.
T, τ,	ταῦ,	tau,	t.
Υ, υ,	ὐψιλὸν,	upsilon,	u.
Φ, φ,	φῖ,	phi,	ph, f.
X, χ,	χῖ,	chi,	ch.
Ψ, ψ,	ψῖ,	psi,	ps.
Ω, ω,	ὠμέγα,	oméga,	ô long.

La planche XLVI donne l'alphabet romain, la planche XLVII les majuscules et minuscules de l'alphabet gothique, ainsi que les chiffres, et la planche XLVIII l'alphabet russe, qui contient trente-six lettres, mais dont deux (θ, Y) ne s'emploient presque plus. Nous donnons, page 16, les renseignements indispensables pour l'application de ces lettres.

PLANCHE XLIX

ATTRIBUTS

Les attributs 1 et 2 sont empruntés à la sépulture Convents-Daupeley, élevée au cimetière du Père La Chaise, à la suite d'un concours, d'après les dessins de MM. Naudin et Lemaire, architectes. Le n° 1 comprend un vase avec une branche de lierre pour symboliser l'attachement aux arts plastiques du défunt, fondateur d'un prix à l'École des Beaux-Arts; le flambeau renversé indique la cessation de la vie. Le n° 2 est une guirlande composée de branches de cyprès, feuilles et fleurs de pavots, emblèmes de l'immortalité, disposée au-dessus des noms des donateurs, pour honorer à tout jamais leur mémoire; ces motifs ont été sculptés par M. Denis.

La palme que nous reproduisons sous le n° 3 est une composition de M. Cousseau, sculpteur. Le n° 4 est une épée enroulée dans un ruban qui figure sur le tombeau du général Myllus, exécuté au cimetière Montparnasse d'après les dessins de M. André, architecte. La couronne en feuilles de chêne, emblème de la victoire, que nous donnons n° 5, se trouve sur le tombeau du général Lamoricière, pour rappeler ses hauts faits d'armes; la sculpture, dont les dessins ont été fournis par M. Boilte, architecte, est due au ciseau de M. Murgey, sculpteur. Le motif n° 6 est une composition de M. Charles Garnier, architecte, et le n° 7 a été relevé sur le tombeau de Duban, exécuté au cimetière Montparnasse, d'après les dessins de M. Duc, architecte.

PLANCHE L

ATTRIBUTS

Notre motif n° 1 figure au centre de la porte en bronze de la chapelle Odier-Puerari, que nous avons reproduite sur la planche XXVI. Le n° 2 est une branche de laurier, qui peut s'employer avec d'autres attributs, si l'on veut indiquer des succès remportés par le défunt. Le n° 3 est la couronne dite triomphale, faite de feuilles et grains de laurier; on l'emploie généralement pour les poètes, orateurs, hommes politiques de grand talent, etc. Le n° 4 est une autre variation de couronne de laurier ornée d'un ruban, dont la destination peut être semblable à celle des motifs 2 et 3. Le n° 5 est

Lettres imprimées.	Lettres écrites.	Prononciation.	Lettres imprimées.	Lettres écrites.	Prononciation.
А,а		a	Т,т		t
Б,б		b	У,у		ou
В,в		v	Ф,ф		f
Г,г		g	Х,х		kh, ҩ
Д,д		d	Ц,ц		ts
Е,е		ié	Ч,ч		tch
Ж,ж		j	Ш,ш		ch
З,з		ż	Щ,щ		chtch
И,и		i	ъ		
I,i		i	ы		
К,к		k	ь		
Л,л		l	Ѣ,ѣ		ié
М,м		m	Э,э		é
Н,н		n	Ю,ю		iou
О,о		o ou a	Я,я		ia
П,п		p	Ѳ,ѳ		f
Р,р		r	Ѵ,ѵ		i
С,с		s	й		i.

un arrangement gracieux de lierre relevé sur le tombeau du duc de Morny, exécuté d'après les dessins de Viollet-le-Duc. L'attribut n° 6, d'une composition très harmonieuse, est dû au ciseau de M. Mallet, sculpteur. Le n° 7 est un arrangement de palme avec couronne, que nous avons relevé sur le tombeau de Cantagrel, ancien député de la Seine. Enfin, le motif n° 8 est une autre variation heureuse de couronne de laurier entourée de branches de chêne.

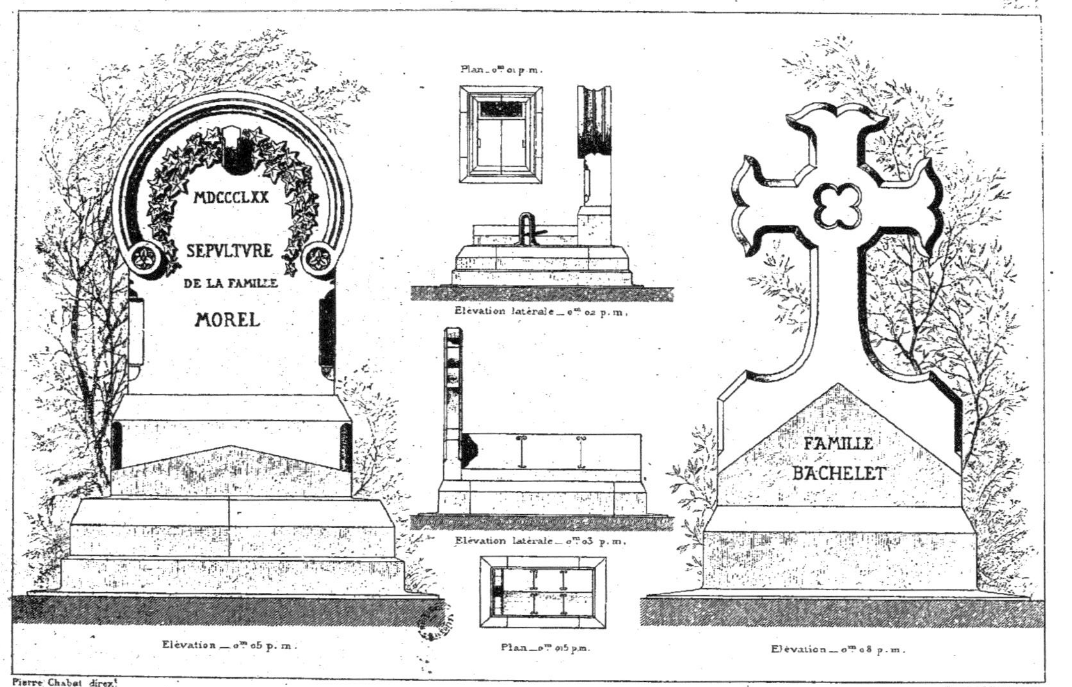

CIMETIERE DU PERE-LA-CHAISE

M. VIOLLET-LE-DUC, ARCHITECTE — M. ROCLE MARBRIER.

CIMETIERE MONTPARNASSE

Héliog. & Imp Lemercier & Cie Paris

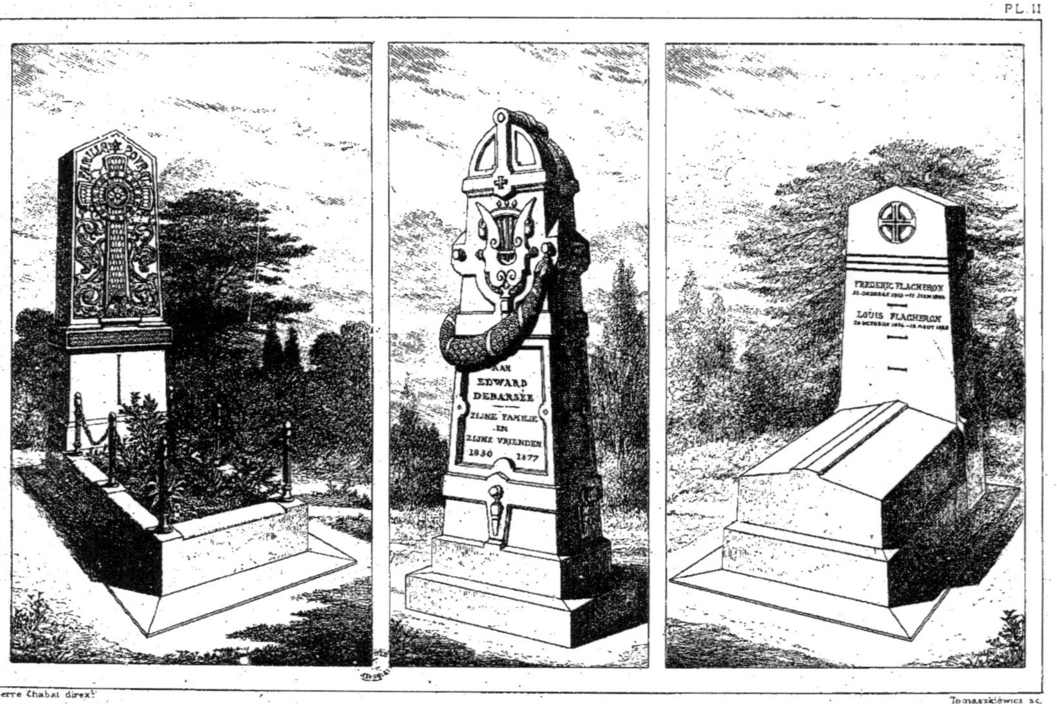

CIMETIERE MONTPARNASSE

M. VAUDOYER, ARCHITECTE.

CIMETIERE D'ANVERS

M. J. J. WINDERS, ARCHITECTE.

CIMETIERE MONTPARNASSE

M. FLACHERON, ARCHITECTE

Imprimeries réunies - Editeurs

Héliog. & Imp. Lemercier & Cie Paris.

PL. III

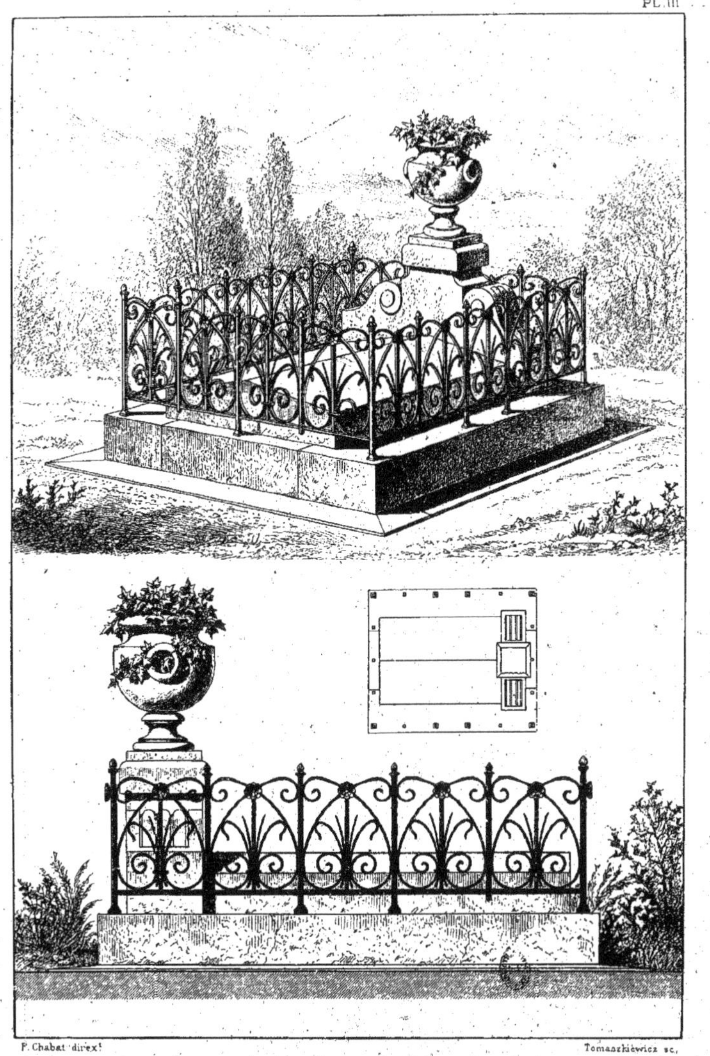

CIMETIÈRE DU MONTPARNASSE

P. CHABAT, ARCH.ᵗᵉ — M. LABATIE, MARBRIER.

Imprimeries réunies, Éditeurs.

Imp: A. Lemercier Paris

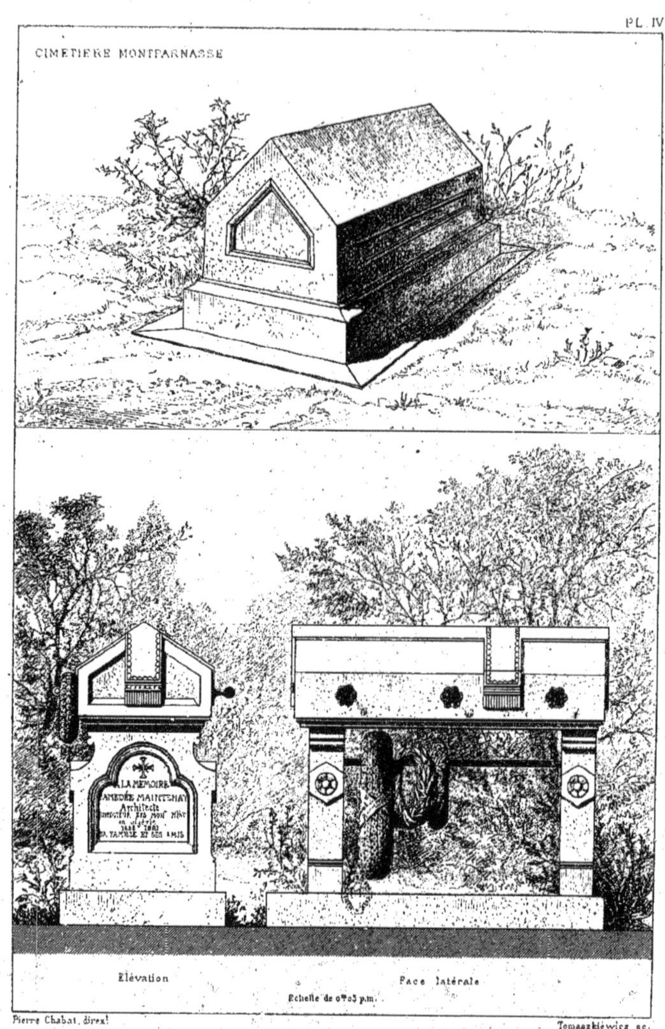

Pierre Chabat, direx!

Tomaszkiewicz sc.

CIMETIERE D'AMIENS
SOMME
Mᵉ DUTHOIT, ARCHITECTE.

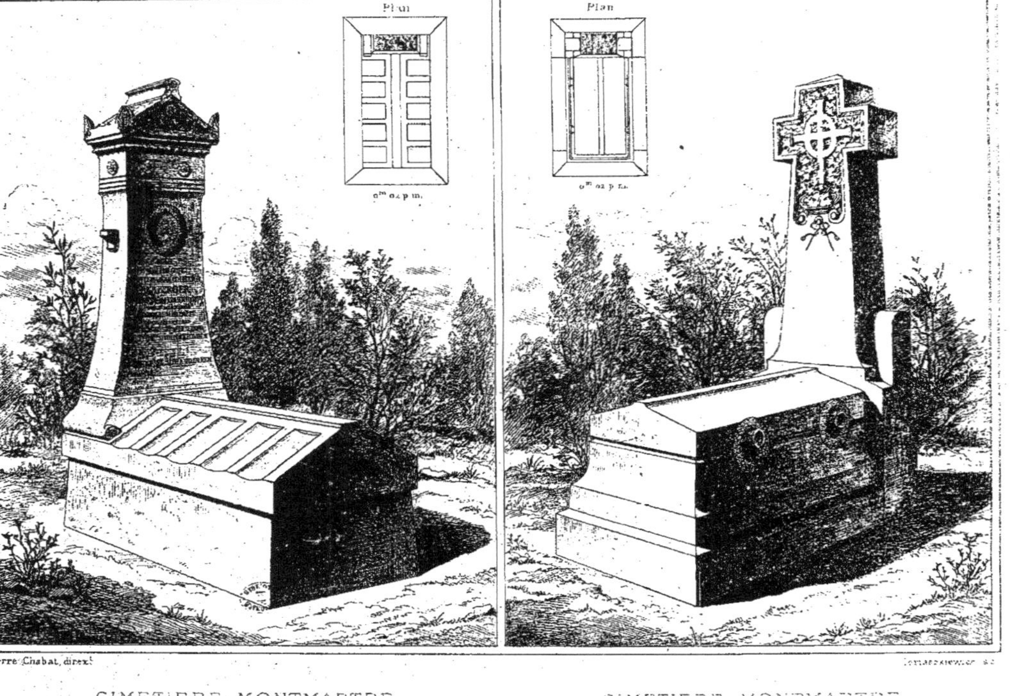

Pierre Chabat, dirext

CIMETIERE MONTMARTRE

M. BOUWENS VAN DER BOYEN, ARCHITECTE.

CIMETIERE MONTMARTRE

M. GASTON AUBRY, ARCHITECTE.

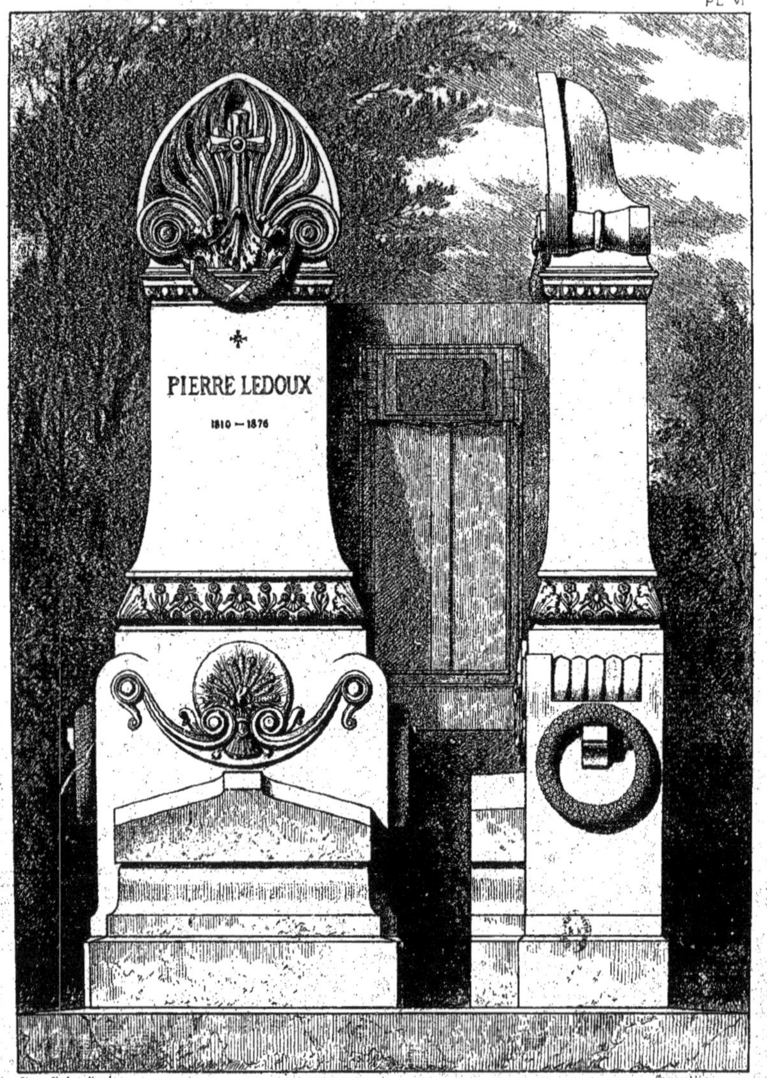

Pierre Chabat, direx.̄

Tomaszkiewicz sc.

CIMETIÈRE DE St LEU-TAVERNY.

P. CHABAT, ARCHᵗᵉ — M. ISORÉ, MARBRIER.

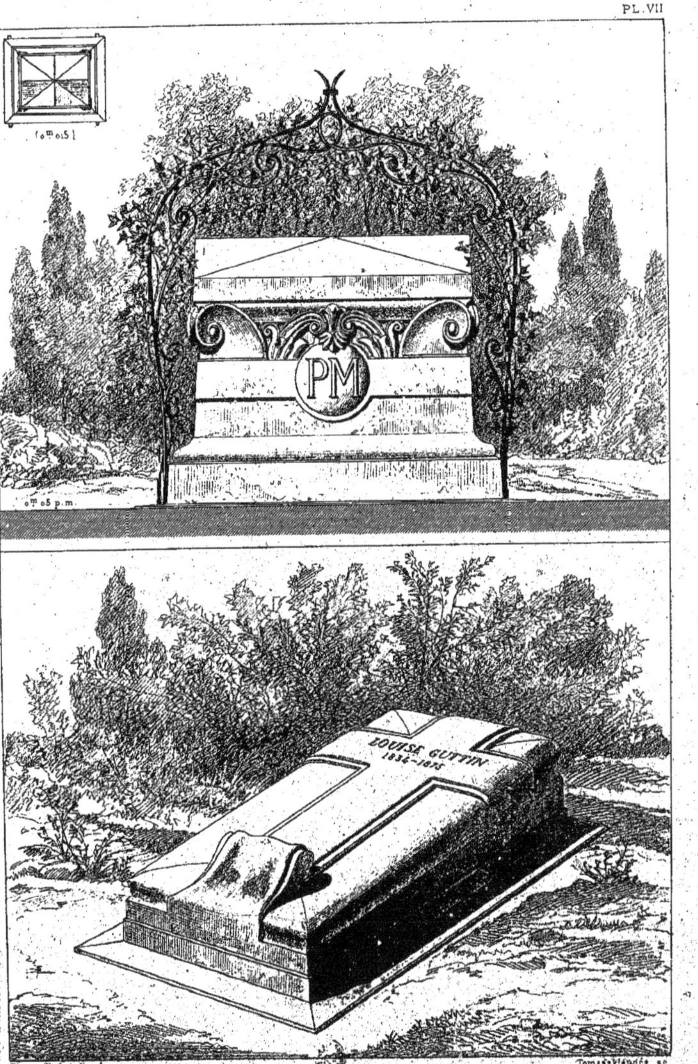

CIMETIERE DE NEUILLY (SEINE)

M.r SIMONET, ARCHITECTE

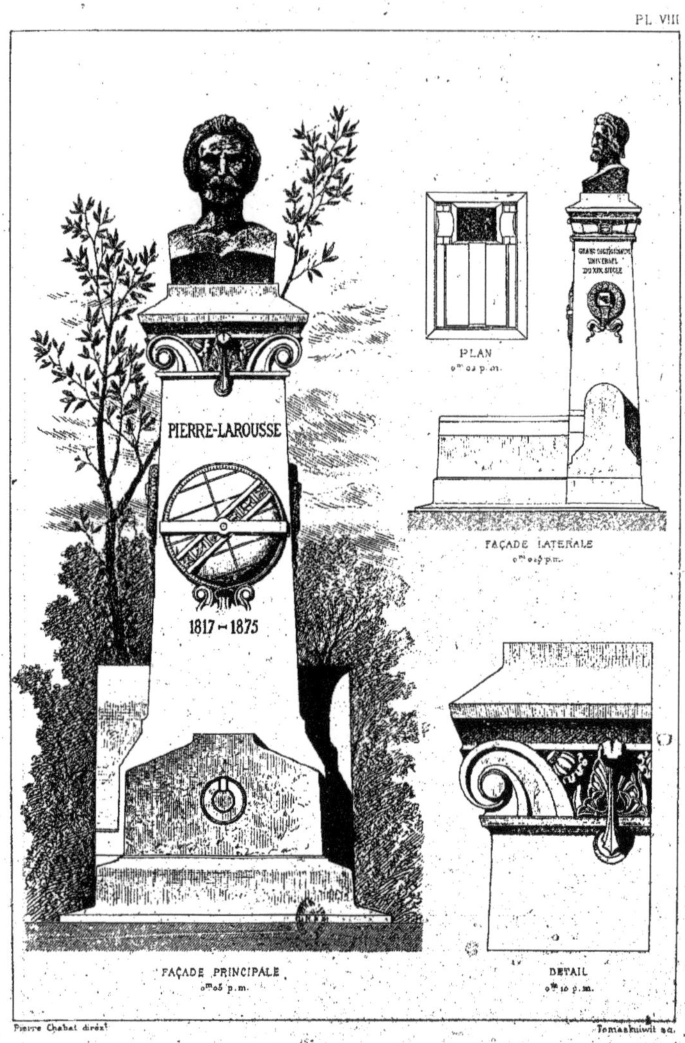

Pierre Chabat dirext.   Tomaskuiwit sc.

CIMETIÈRE DU MONTPARNASSE
M. E. VAUDREMER, ARCH.te — M. REGNIER, MARBRIER.

Imprimeries réunies, Éditeurs.   Hellog. & Cie Lemercier & Cie Paris.

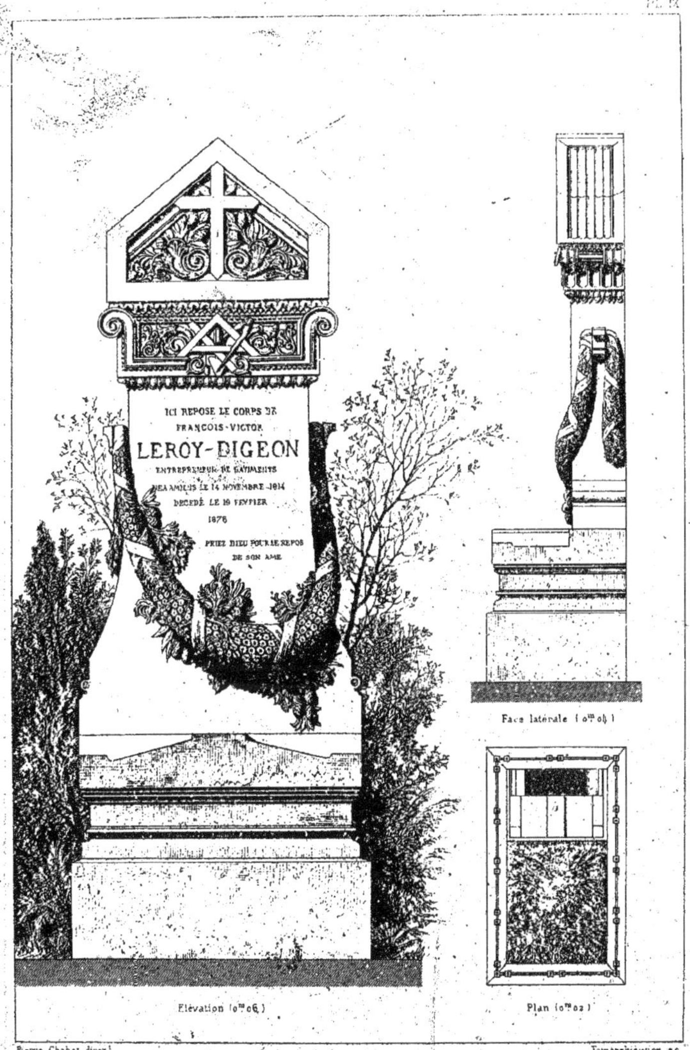

Face latérale (0^m 04)

Élévation (0^m 06)

Plan (0^m 02)

Pierre Chabat, direx.^t

Tomaszkiewicz sc.

CIMETIERE D'AMIENS (SOMME)

Mr E. DUTHOIT, ARCHITECTE

PL. X

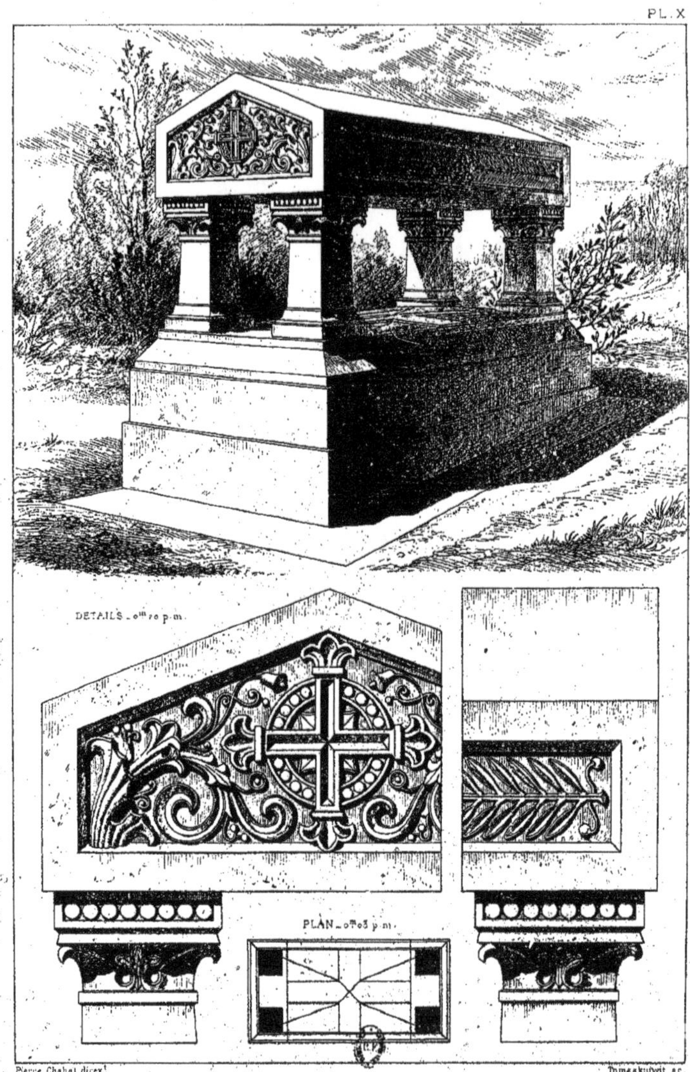

CIMETIERE DE MONTMORENCY

(Seine-et-Oise)

M. LUCIEN MAGNE, ARCHITECTE

Imprimeries reunies, Editeurs.   Helieg. & Imp. Lemercier & Cie, Paris.

PL. XI

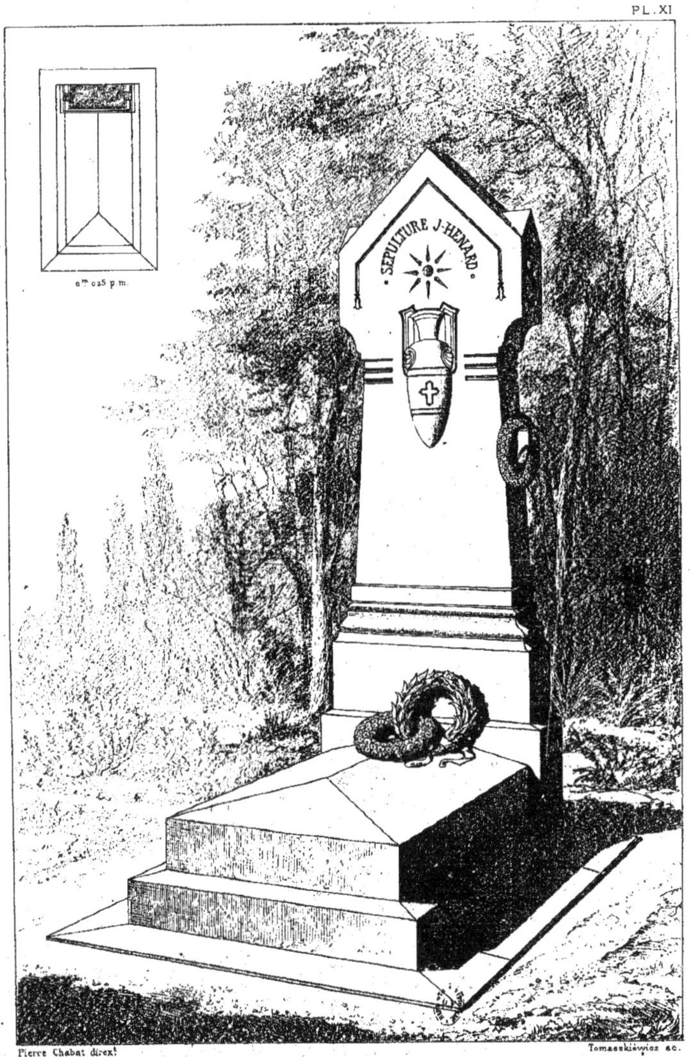

Pierre Chabat direx.t

Tomaszkiewicz sc.

CIMETIERE MONTMARTRE

Mᵉ J. HENARD, ARCHITECTE

PL. XII

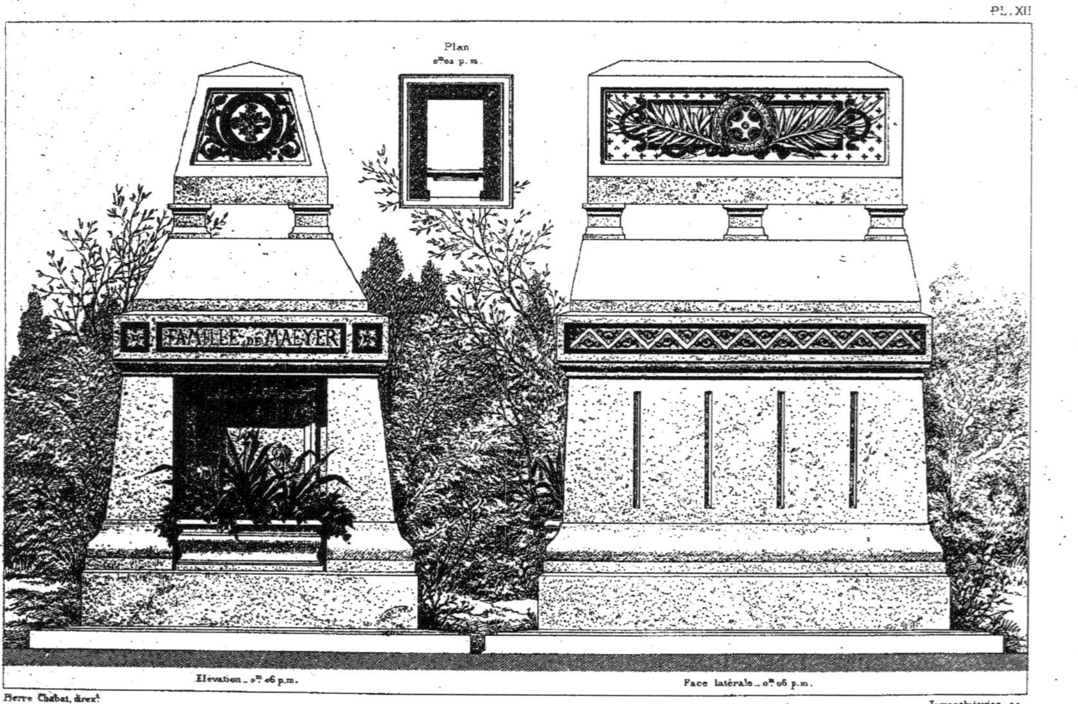

CIMETIERE DE PASSY

Mᵉ O. COURTOIS-SUFFIT, ARCHITECTE.

PL. XIII

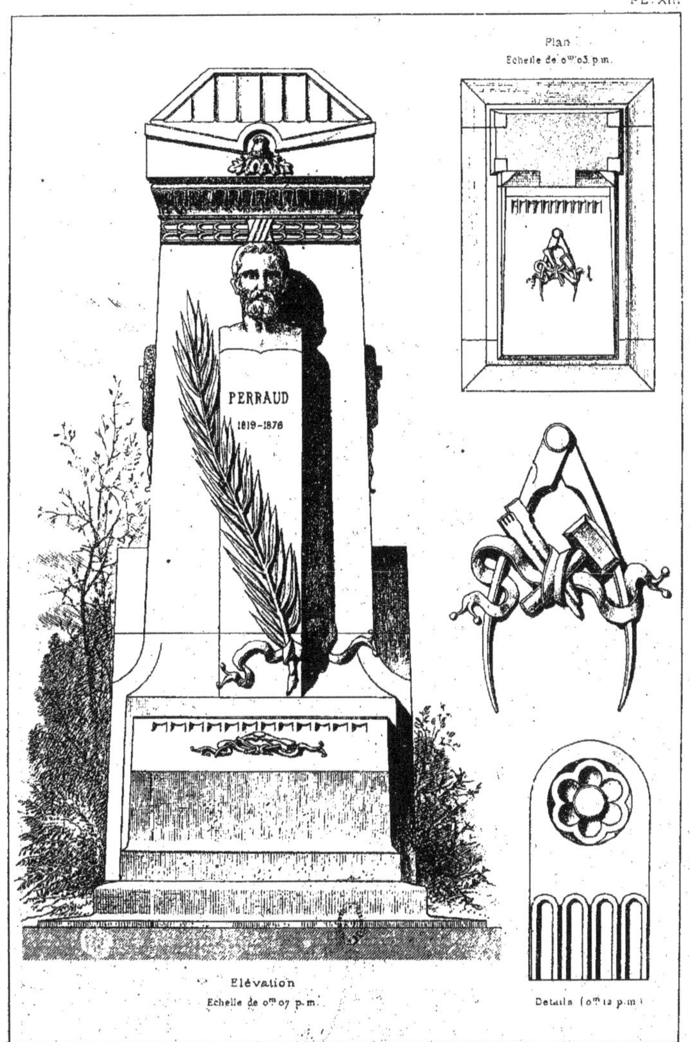

Pierre Chabat, direx.ᵗ

Tomaszkiéwicz sc.

CIMETIERE DU MONTPARNASSE
M. E. VAUDREMER, ARCHITECTE.

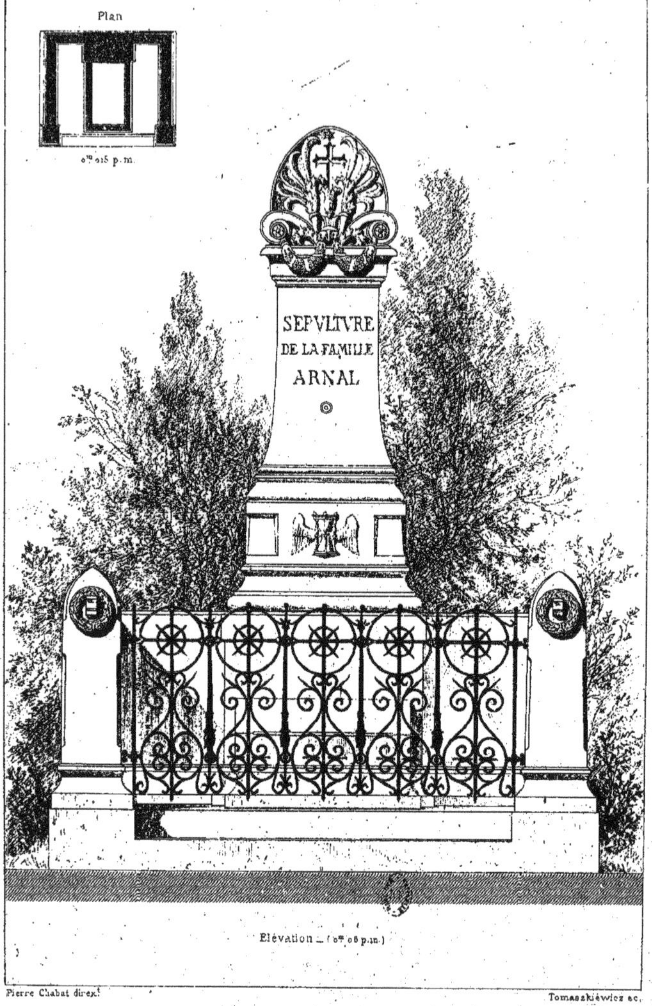

PL. XIV

Plan

0. 015 p. m.

SEPVLTVRE
DE LA FAMILLE
ARNAL

Elévation _ (0. 05 p. m.)

Pierre Chabat direx.t   Tomaszkiéwicz sc.

CIMETIERE MONTMARTRE
M.r A.r ROLIN, ARCHITECTE.

Imprimeries réunies _ Editeurs   Hthog. & Imp Lemercier & C.ie Paris

PL. XV

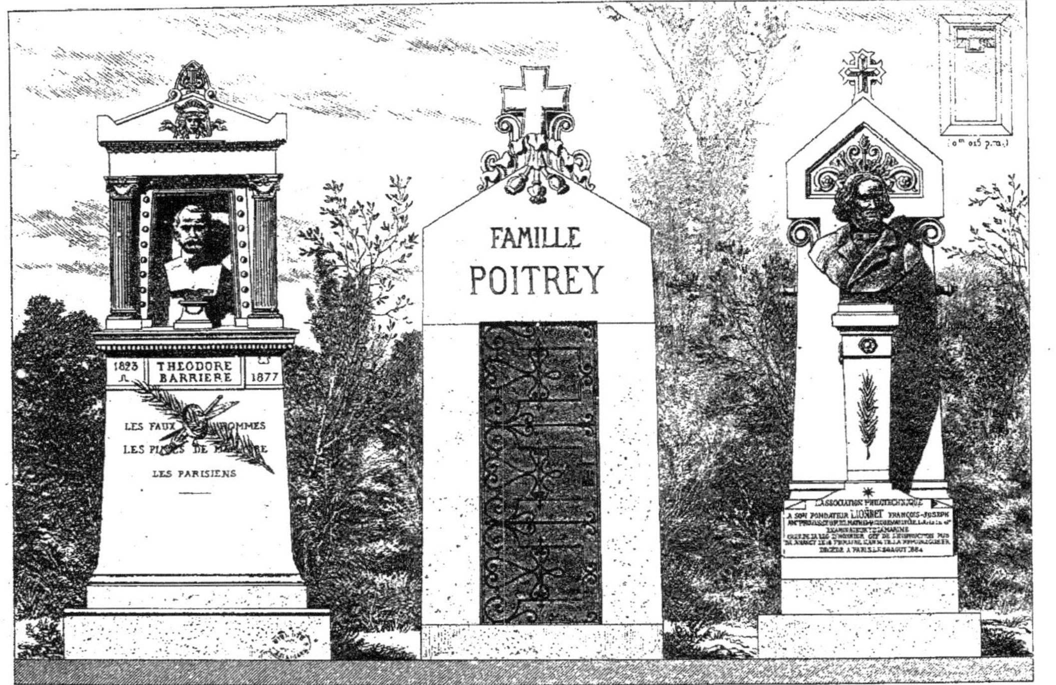

Pierre Chabat, direc.t   (0.m 065 p. m.)   (0.m 05 p. m.)   0.m 065 p. m.   Tomaszkiewicz sc.   (0.m 015 p. m.)

CIMETIÈRE DU PÈRE-LACHAISE   CIMETIÈRE DE NEUILLY   CIMETIÈRE MONTMARTRE

M.r A. MAGNE, ARCHITECTE   M.r SIMONET, ARCHITECTE   M.r A. CHANCEL, ARCHITECTE

PL. XVI

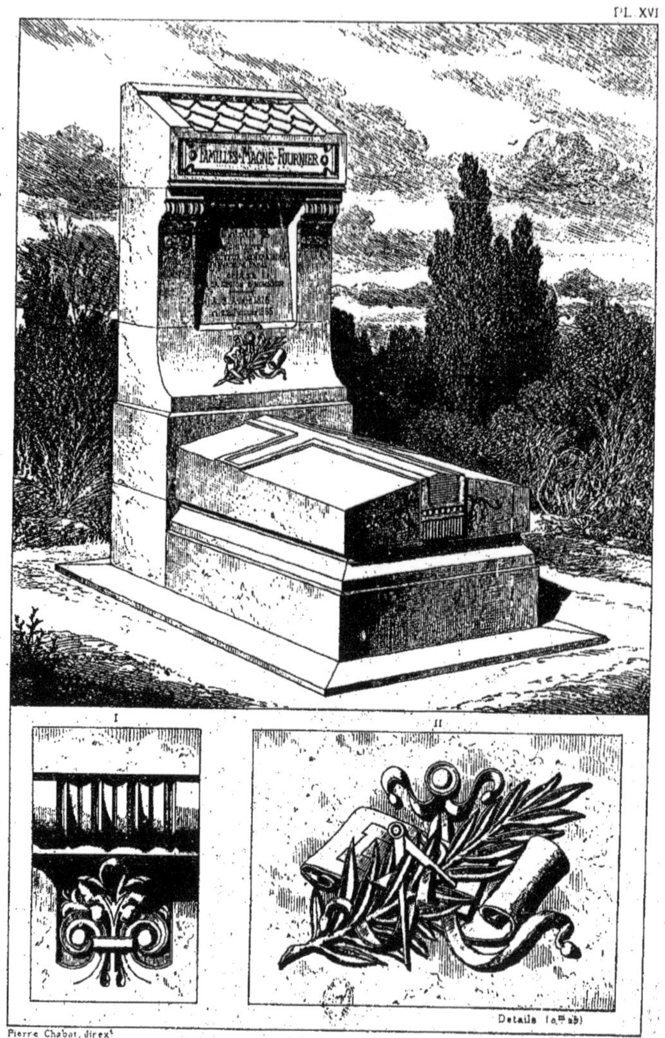

Pierre Chabat, dirext

Tomaszkiéwicz sc.

CIMETIERE DU PERE-LACHAISE.
M. GENUYS, ARCHITECTE.

Imprimeries réunies Editeurs.

Héliog. & Imp. Lemercier & Cie Paris.

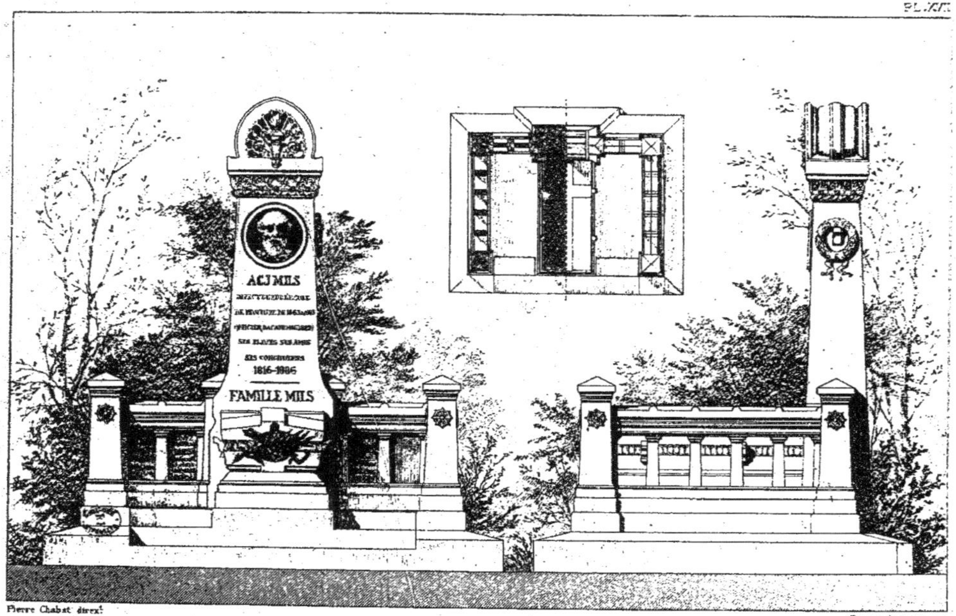

PL. XII
FAMILLE MILS
CIMETIÈRE DE ROUBAIX
Mr A. DUBOIS, ARCHITECTE — Mr BOQUE MARBRIER
Pierre Chabat dirext
Tomaszkiewicz sc.
Imprimeries réunies, Éditeurs
Héliog. & Imp. Lemercier & Cie Paris.

PL. XVIII

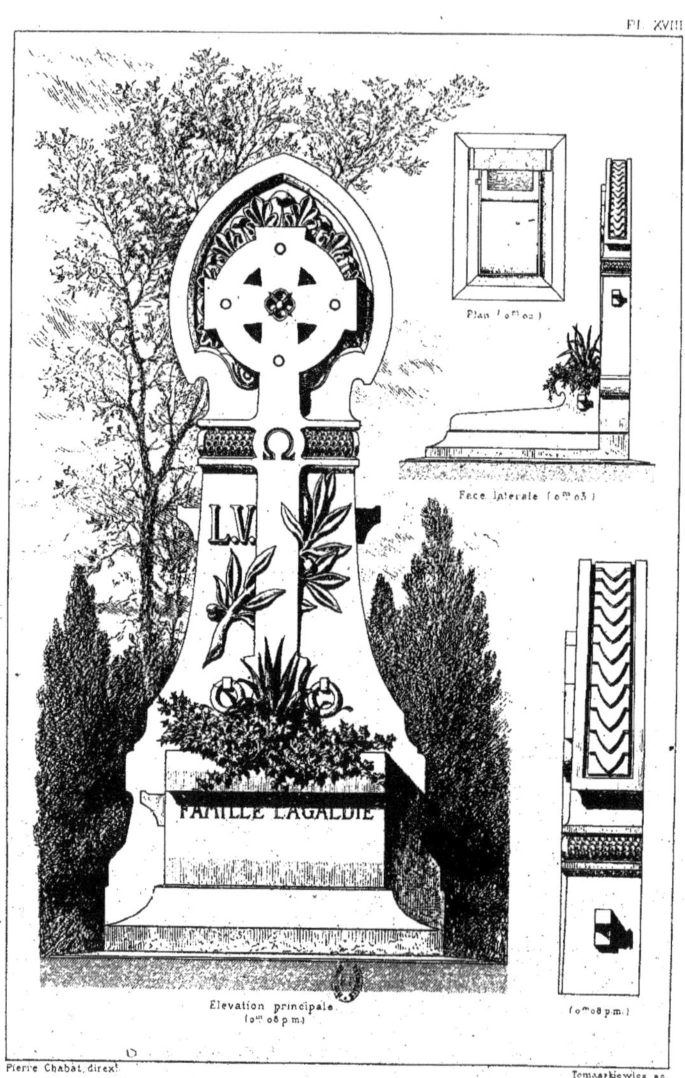

Pierre Chabat, direx.t

Tomaszkiewicz sc.

CIMETIERE MONTPARNASSE
M. PRONIER, ARCHITECTE — M. LOZOUET, MARBRIER

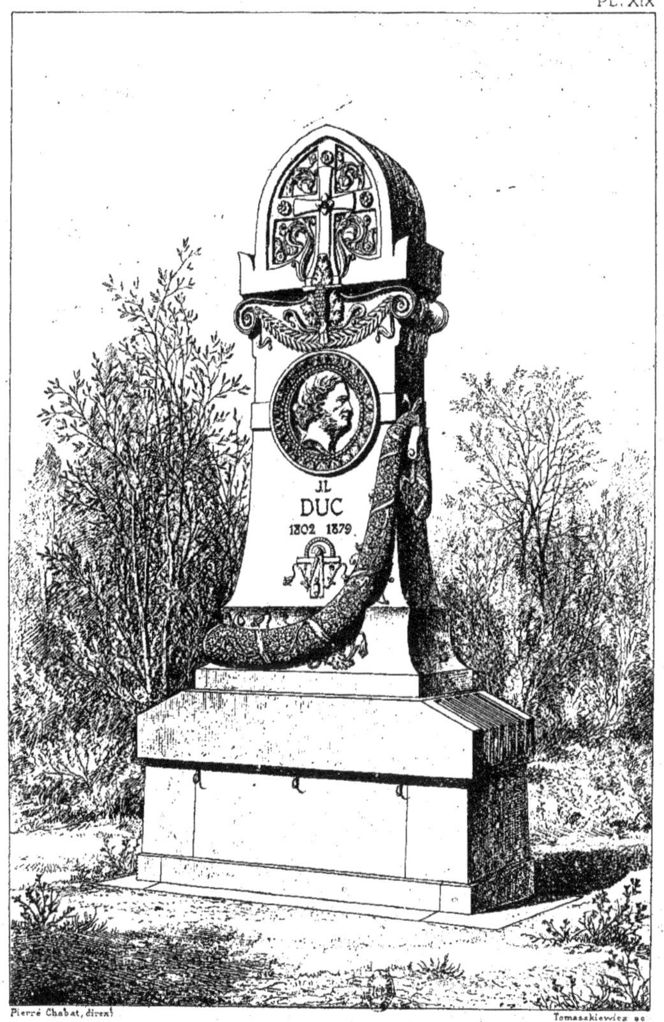

Pierre Chabat, dirext
Tomaszkiewicz sc

CIMETIERE MONTMARTRE
M. A. LECLERC, ARCHITECTE

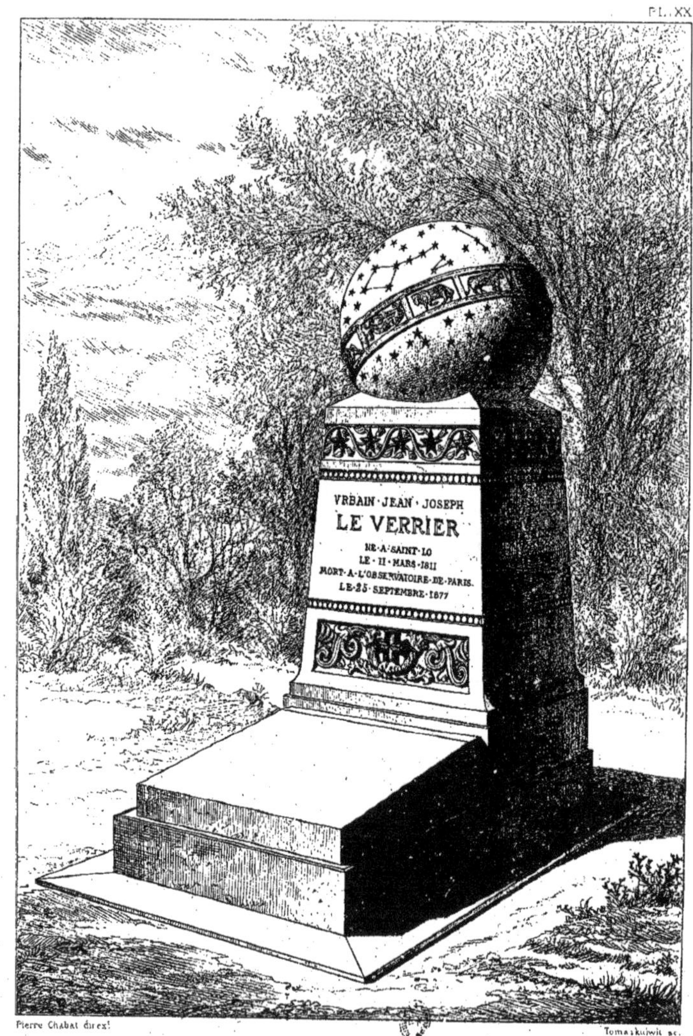

Pierre Chabat direx!   Tomaskuiwit sc.

CIMETIERE DU MONTPARNASSE

M. CH. GENUYS, ARCHITECTE

Imprimeries réunies, Editeurs   Héliog. & Imp. Lemercier & Cie Paris

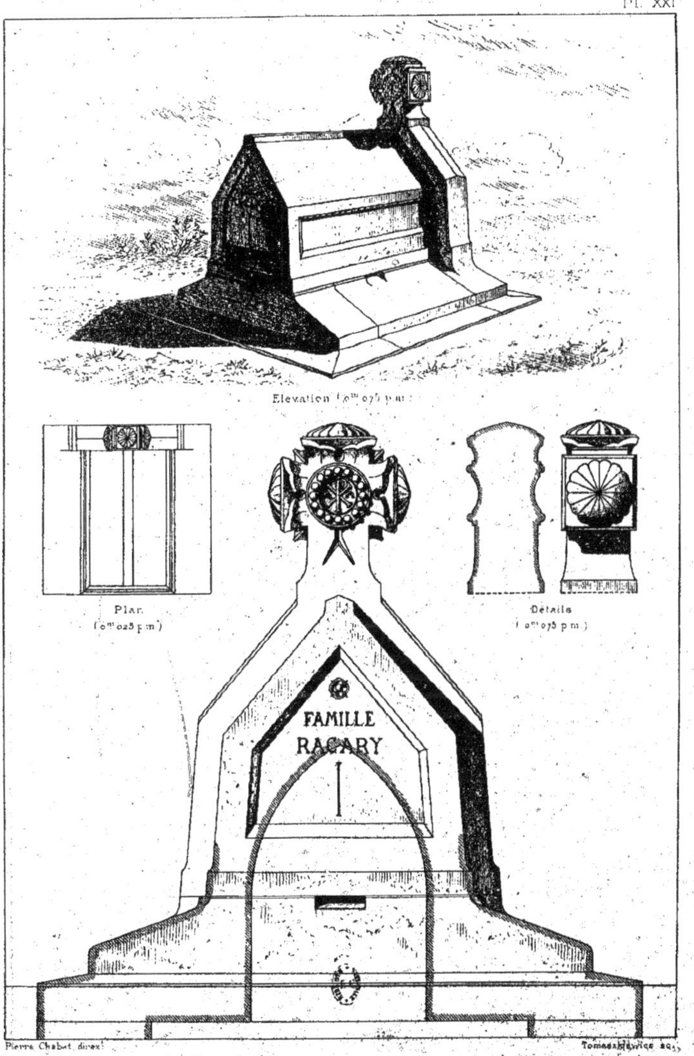

CIMETIERE DE SAINT-CHERON.
(Seine-et-Oise)
M. VAUDREMER, ARCHITECTE — M.M. JACQUIER, MARBRIERS.

Imprimeries réunies, Editeurs.

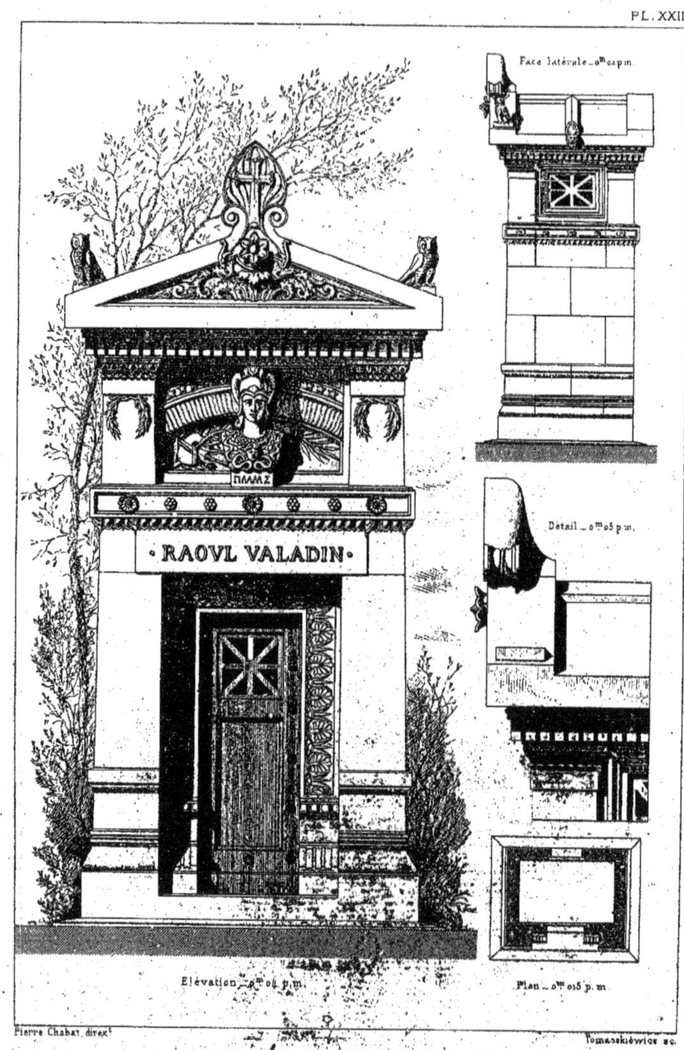

CIMETIÈRE MONTPARNASSE

M. A. MARCEL, ARCHITECTE — M. CAHEN, MARBRIER

PL. XXIII

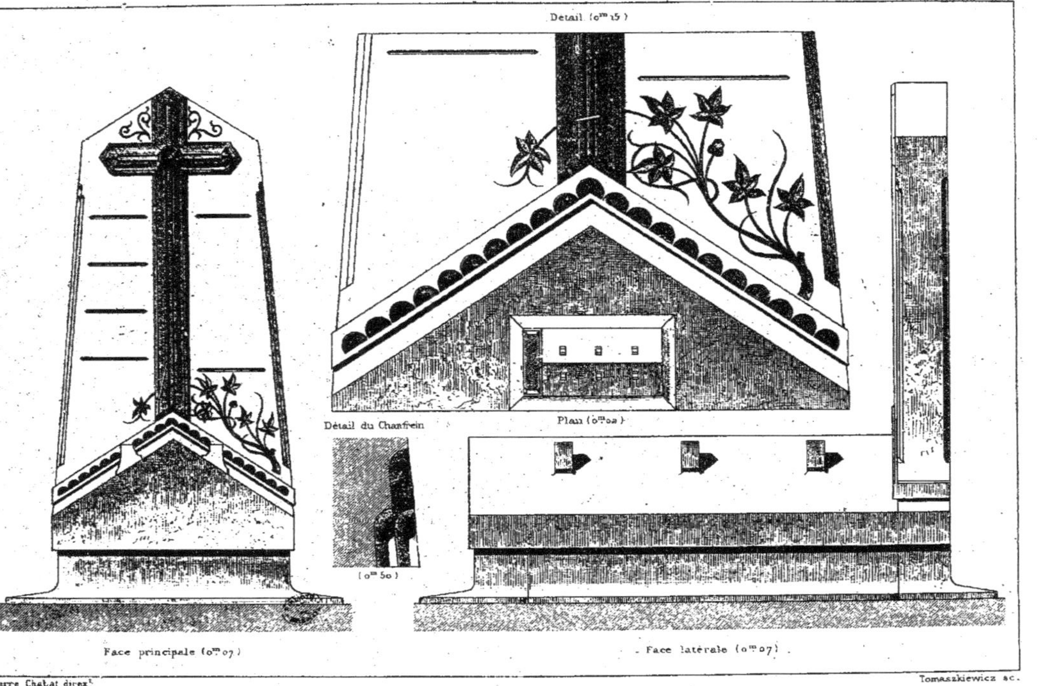

CIMETIERE MONTPARNASSE
M. RUPRICH-ROBERT, ARCHITECTE.

Helicg. & Imp. Lemercier & Cie Paris

PL. XXIV

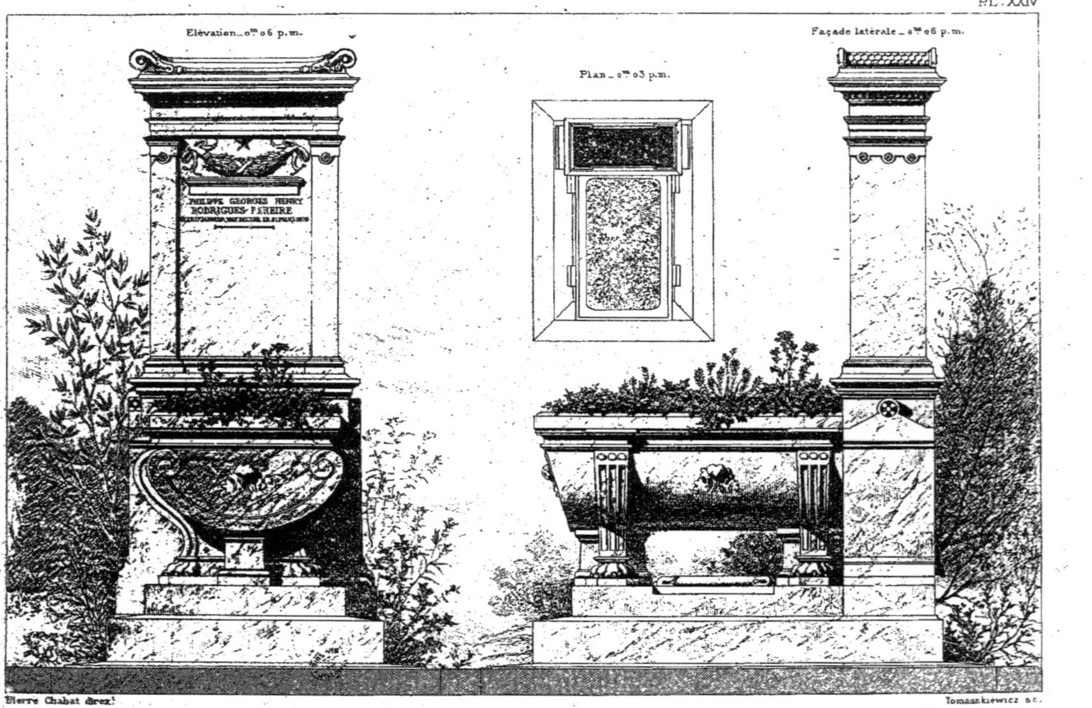

CIMETIERE MONTMARTRE

Mr BOUWENS VAN DER BOYEN, ARCHITECTE __ Mr BOUILLARD, MARBRIER.

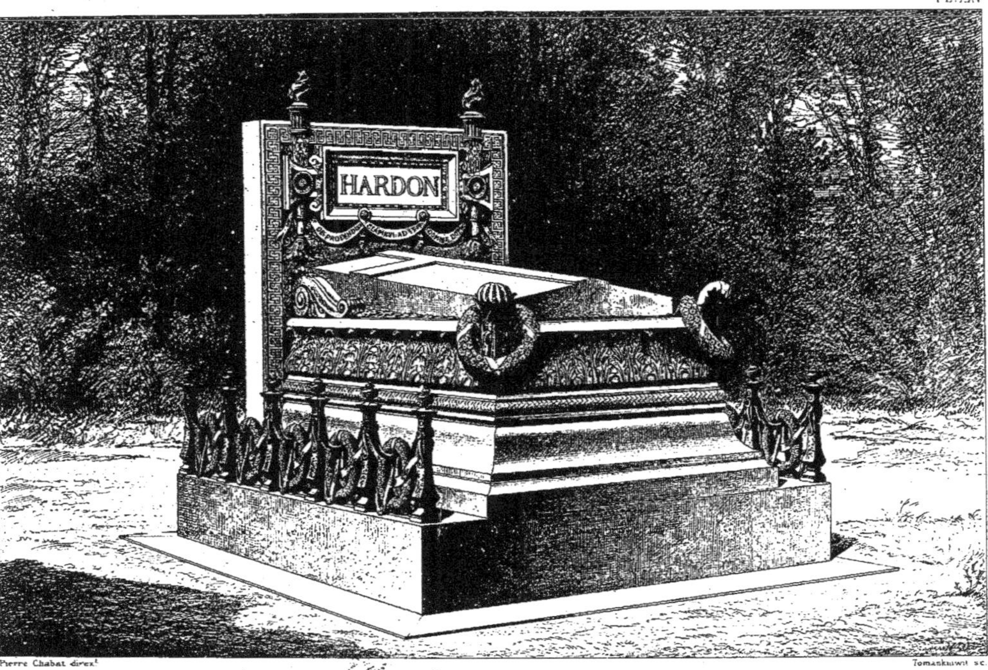

Pierre Chabat direx.t

Tomaskuwit sc.

CIMETIERE DU MONTPARNASSE

M. FOLGERAS, ARCH.te _ M. LABATIE, MARBRIER.

Imprimeries réunies, Editeurs.

Heliog. & Imp Lemercier & C.ie Paris

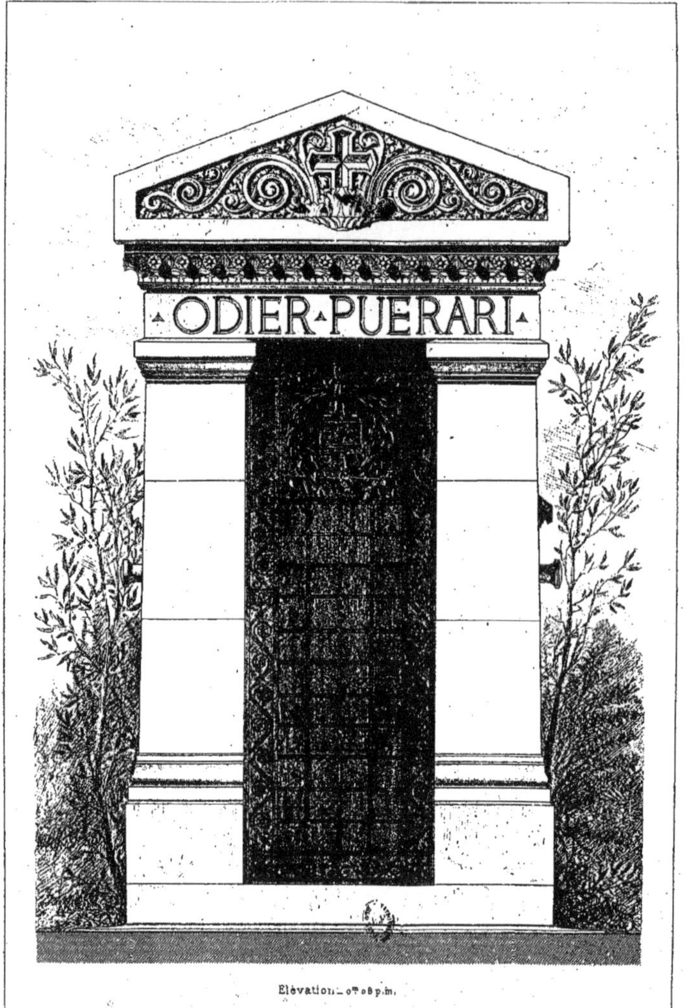

Élévation ᵉ᷄ᵐᵒˢ p.m.

Pierre Chabat, direx!

Tomaszkiéwicz sc.

CIMETIERE DU PERE-LA-CHAISE.

M. LUCIEN MAGNE, ARCHITECTE.

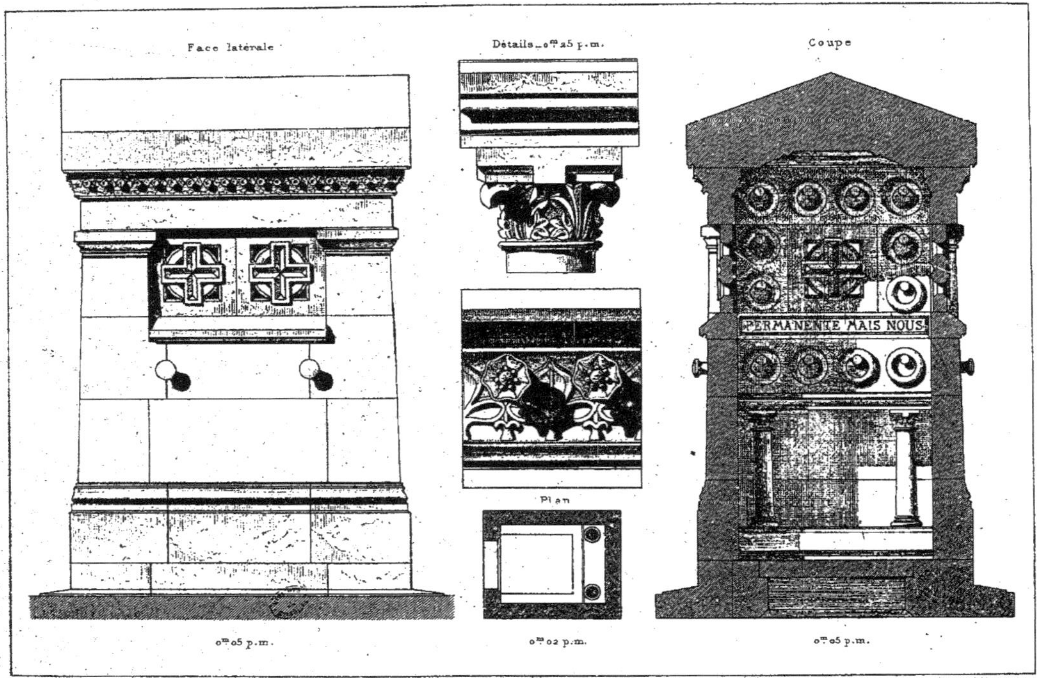

CIMETIERE DU PERE-LA-CHAISE.

M. LUCIEN MAGNE, ARCHITECTE.

Imprimeries réunies_Editeurs

Héliog. & Imp. Lemercier & Cⁱᵉ Paris

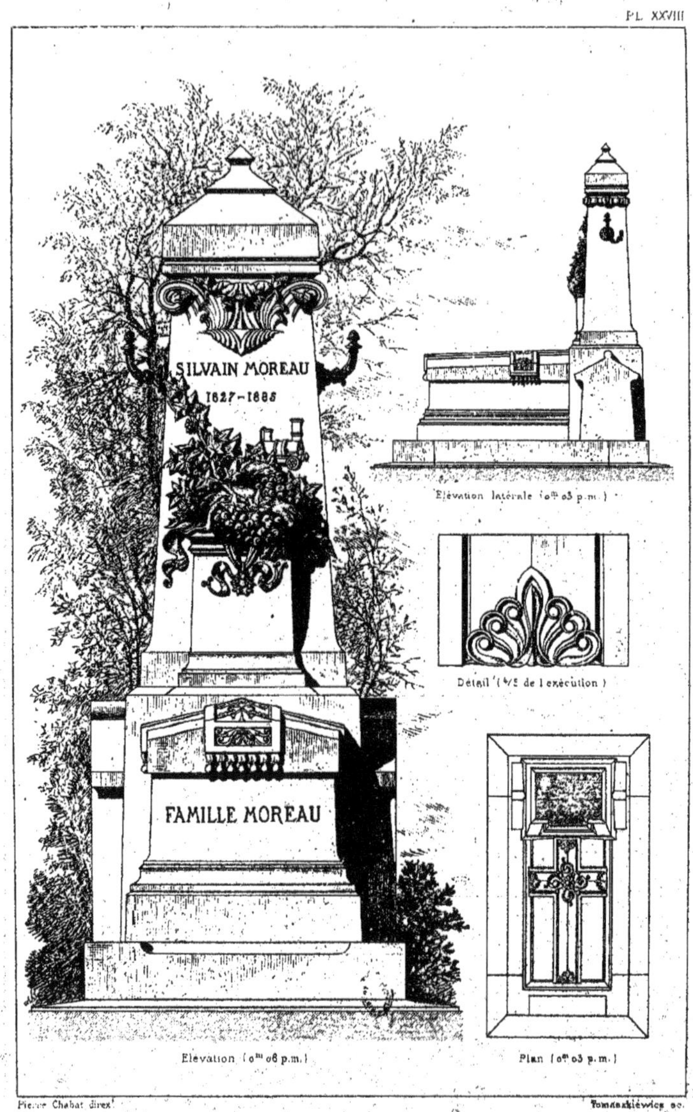

Élévation latérale (o^m o3 p.m.)

Détail (1/5 de l'exécution)

Élévation (o^m o8 p.m.)

Plan (o^m o3 p.m.)

Pierre Chabat direx.

Tomaszkiéwicz sc.

CIMETIERE DU PERE-LA-CHAISE

M. BRUNEAU, ARCHITECTE.

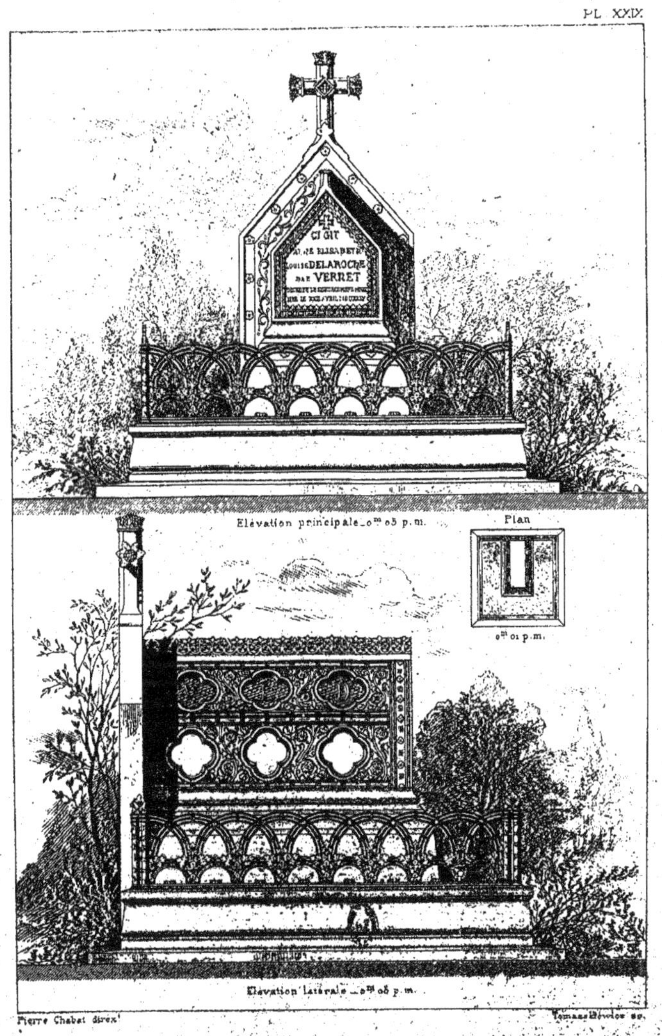

CIMETIERE MONTMARTRE

M. FELIX DUBAN, ARCHITECTE.

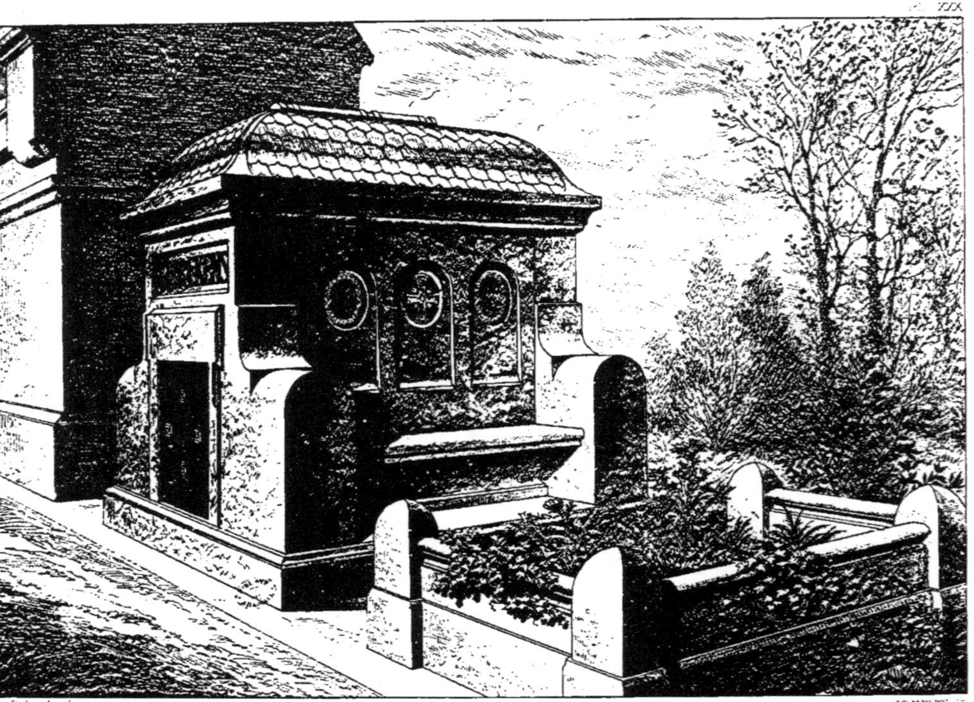

Pierre Chabat direx.t
CIMETIERE DU MONTPARNASSE
M. HÜGELIN ARCH.t — M. M. RICHARD & C.ie XABOREUR
Imprimeries réunies, Éditeurs

PL. XXXI

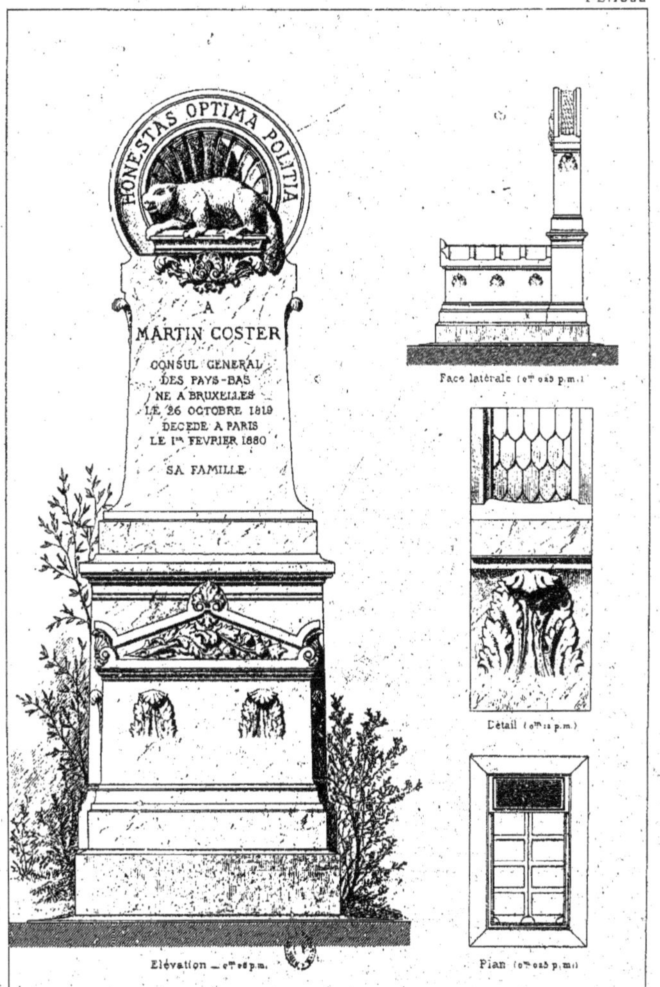

CIMETIERE MONTMARTRE

M. BOUWENS VAN DER BOYEN, ARCHITECTE — M. LAMBERT, MARBRIER.

PL. XXXII

Plan _ 0ᵐ·05 p. m.

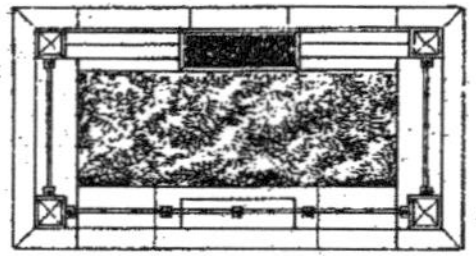

Plan _ 0ᵐ·015 p. m.

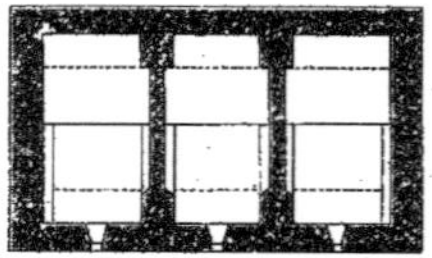

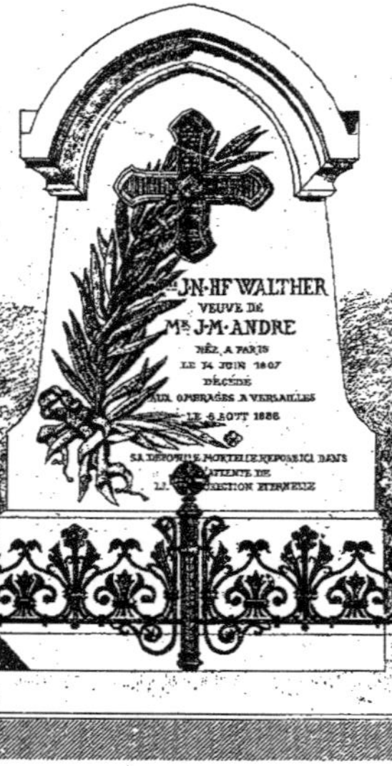

Elévation _ 0ᵐ·065 p. m.

Pierre Chabat, direxᵗ

Tomaszkiewicz sc.

CIMETIERE DE VERSAILLES

Mᵉ H. DEVERIN, ARCHITECTE _ Mᵉ J. PIRET FILS MARBRIER.

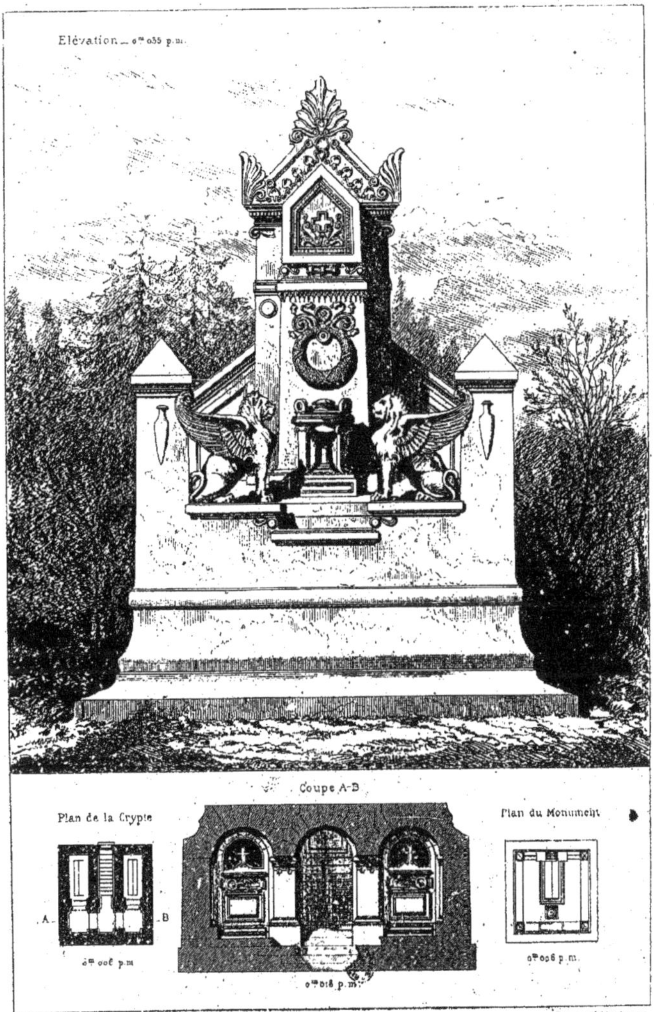

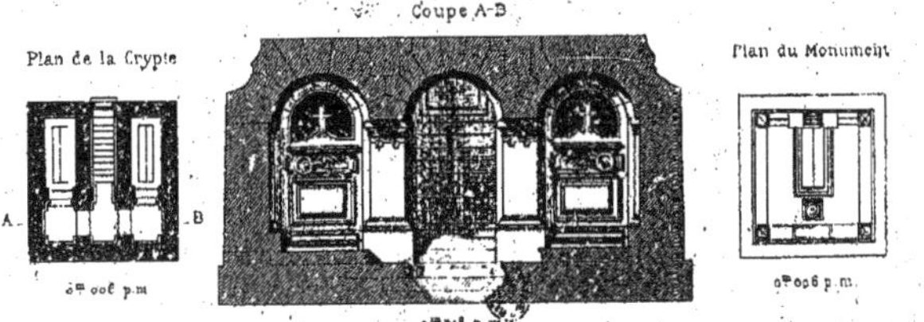

Pierre Chabat, dirext   Tomaszkiewicz sc

TOMBEAU AU CHATEAU DE LA FERTE St AUBIN
Mr H. DERUAZ, ARCHITECTE

Imprimeries réunies. Editeurs   Héliog & Imp. Lemercier & Cie Paris

PL. XXXIV

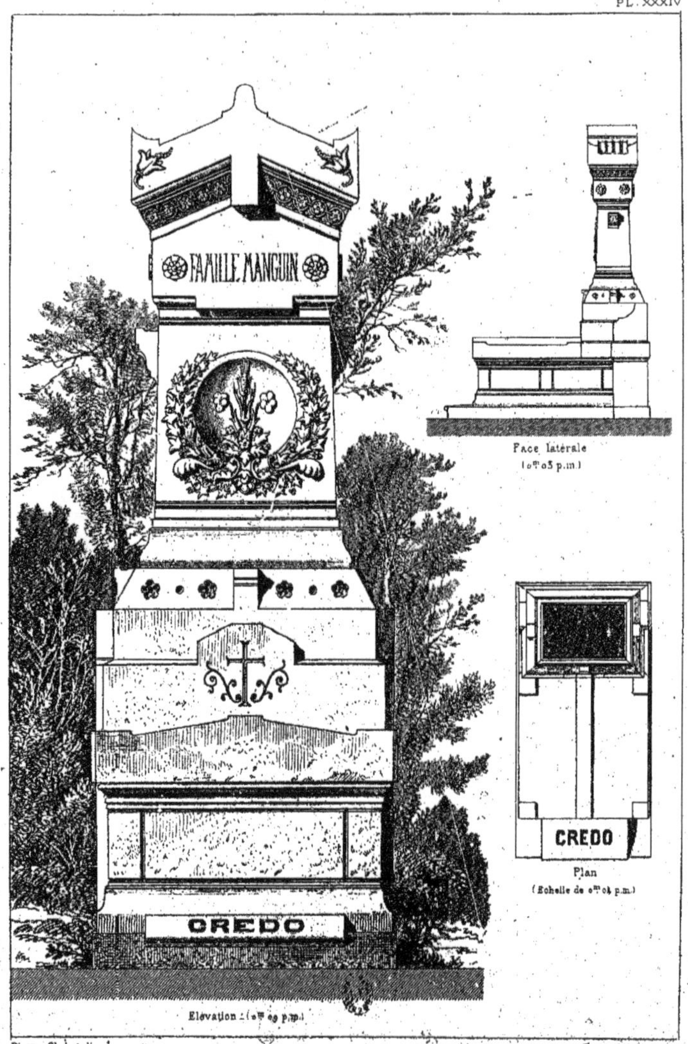

Face latérale
(0ᵐ03 p.m.)

Plan
(Echelle de 0ᵐ04 p.m.)

Elévation : (0ᵐ02 p.m.)

Pierre Chabat, dirext

Tomaszkiewicz sc.

CIMETIÈRE MONTMARTRE

Mᵣ Manguin, architecte — Mᵣ Desclers, marbrier

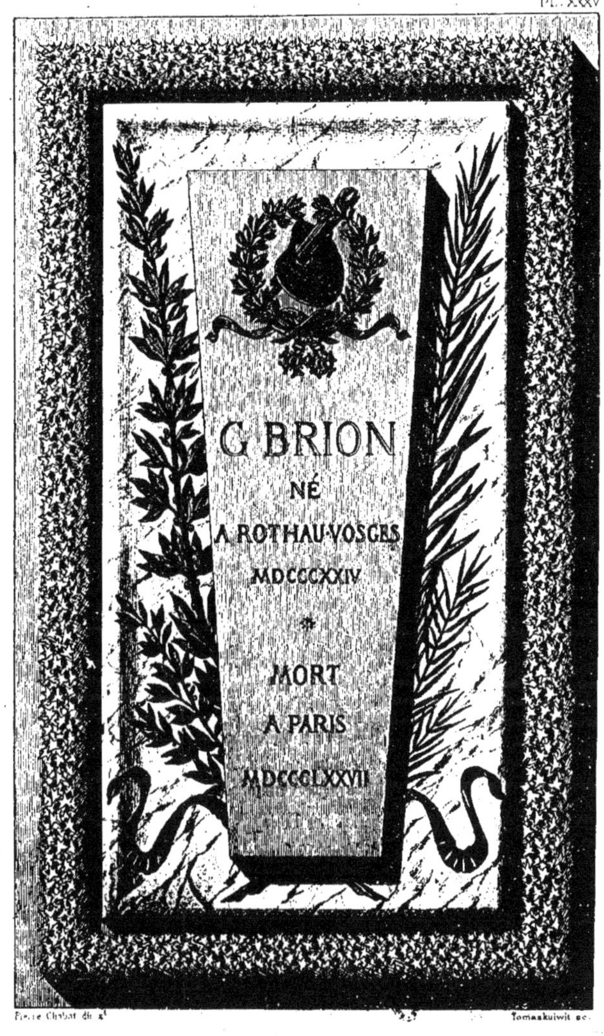

CIMETIERE DU MONTPARNASSE

M. F. HÜGELIN, ARCH.T — M. DUPORT, MARBRIER.

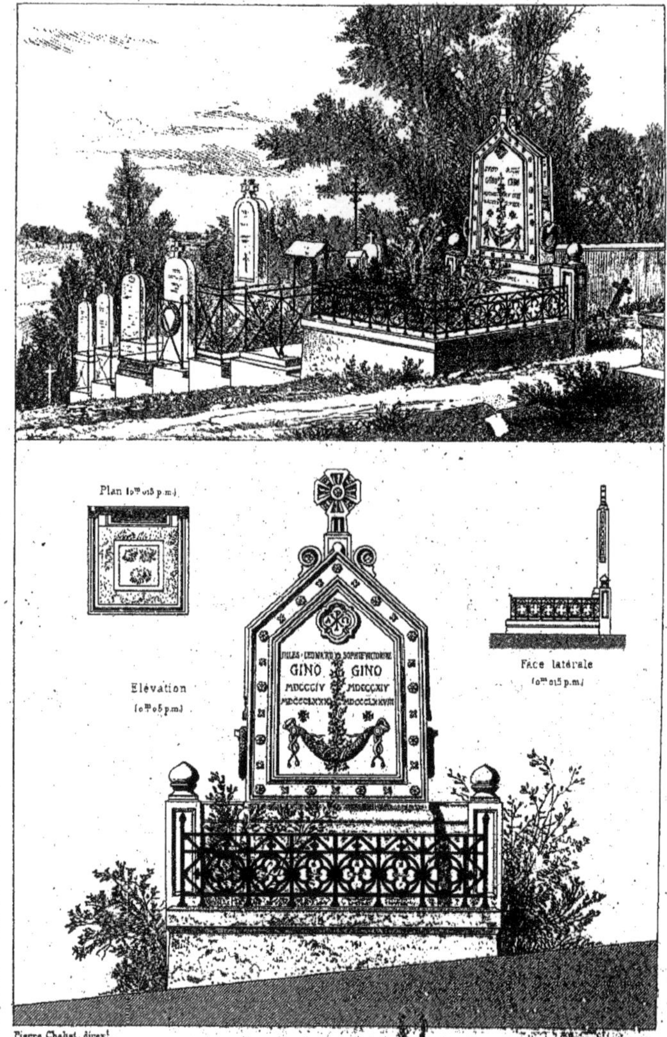

CIMETIÈRE DE CHAVILLE

M. F. GION, ARCHITECTE

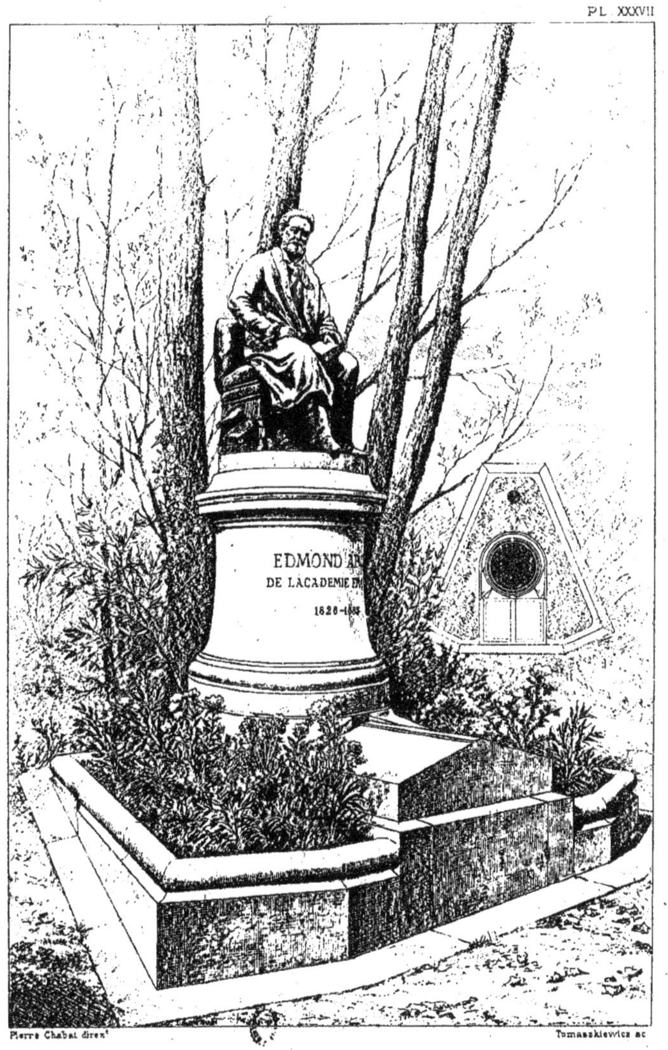

Pierre Chabat direx.t

Tomaszkiewicz sc

CIMETIÈRE DU PÈRE LACHAISE

M.r BOUWENS VAN DER BOYEN, ARCHITECTE ———— M.rs DEVOISINES & C.ie MARBRIERS

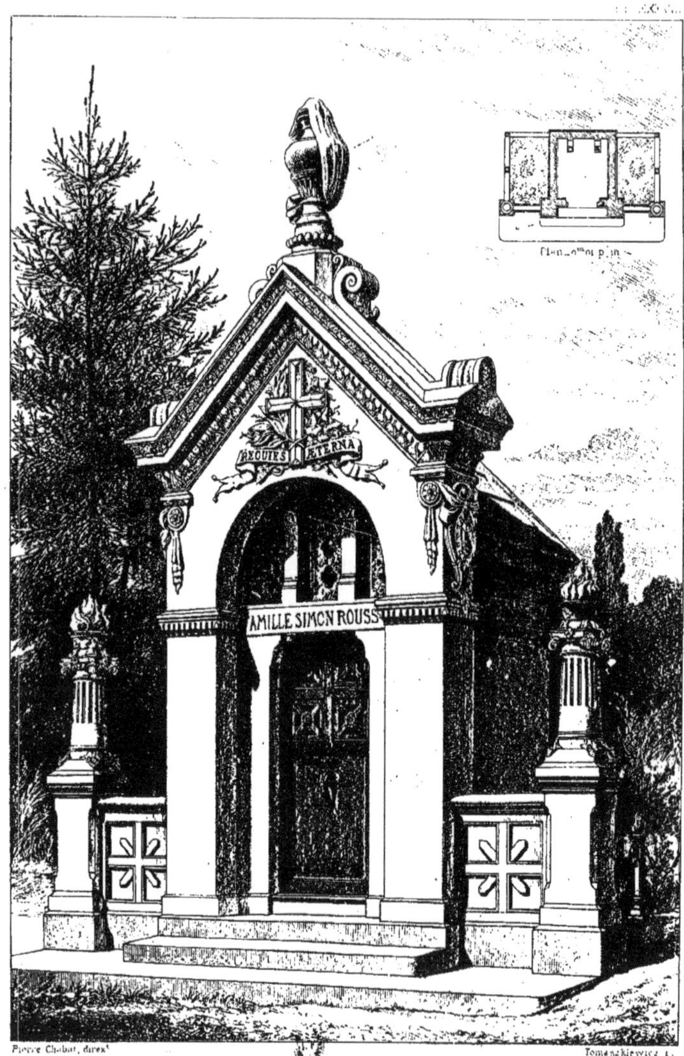

Pierre Chabat, direx.

Tomaszkiewicz i.

CIMETIERE DE LA FERTE-SOUS-JOUARRE.
(Seine - et - Marne)
M. HENEUX, ARCHITECTE ... M. BOURDON, MARBRIER.

Imprimeries réunies_ Editeurs

Heliog & Imp Lemercier & C¹ᵉ Pa.

PL. XXXX

Echelle de 0m 05 p. m.

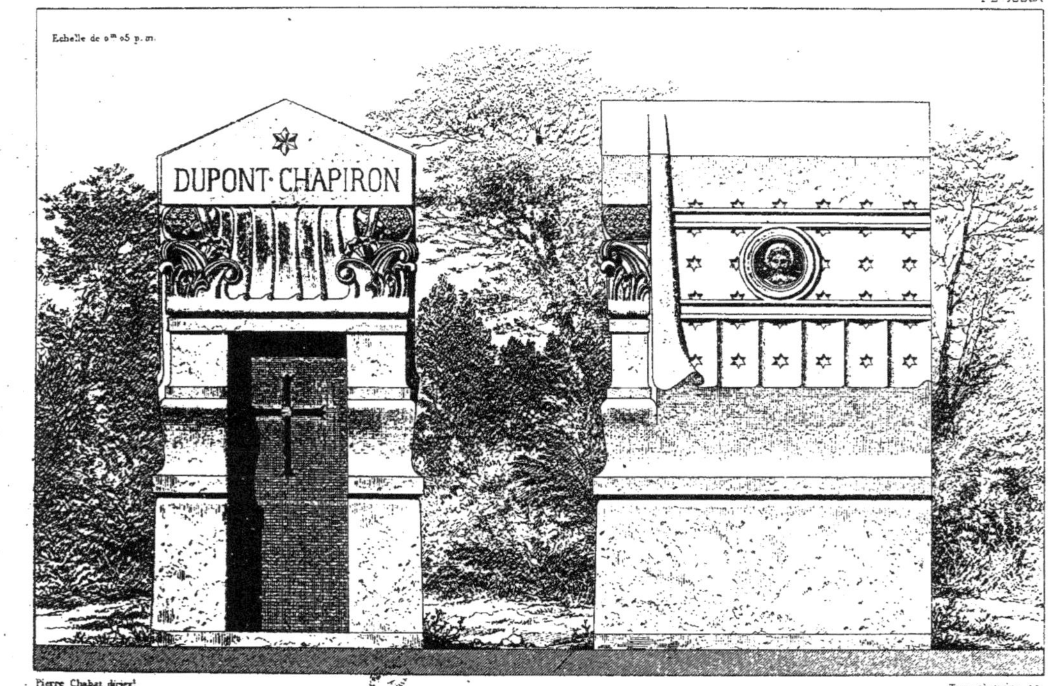

Pierre Chabat, direx.t

Tomasskiewicz sc

CIMETIERE DE NEUILLY

M.r SIMONET, ARCHITECTE.

Echos. à Imp. Lemercier & C.ie Paris.

LES TOMBEAUX MODERNES

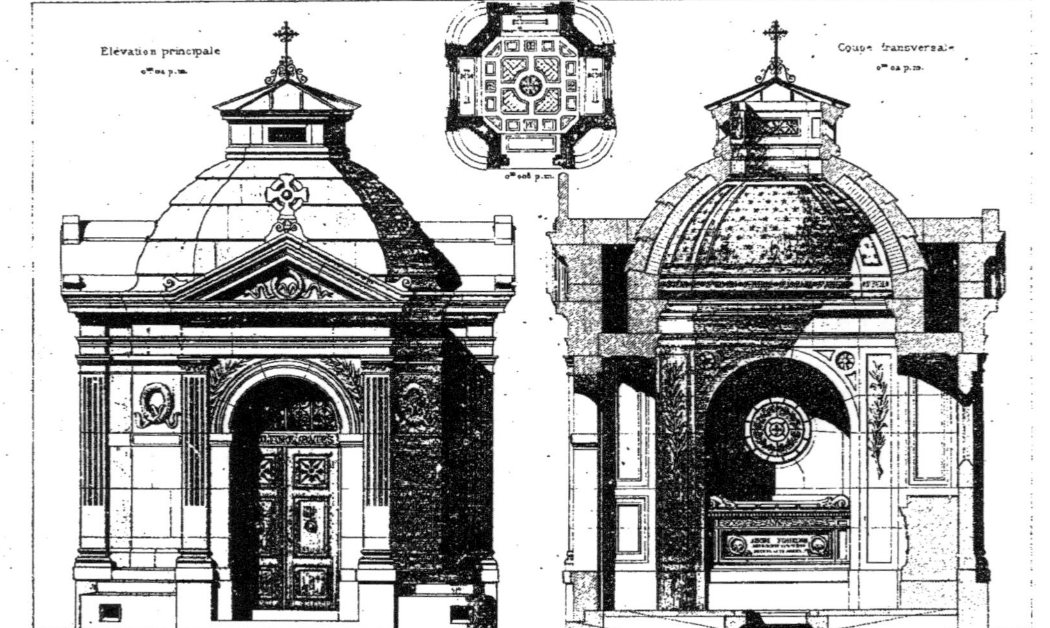

CIMETIERE DE NEW-YORK

Mr BOUWENS VAN DER BOYEN, ARCHITECTE

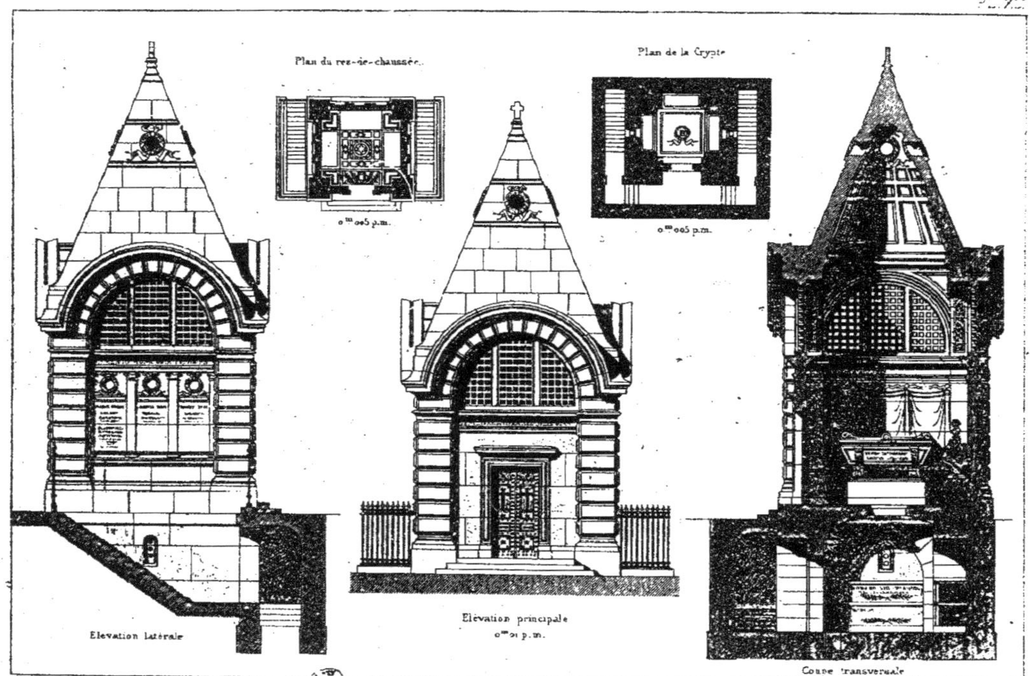

TOMBEAU DE LA FAMILLE JULES BEER
A LONDRES
Mr BOUWENS VAN DER BOYEN, ARCHITECTE

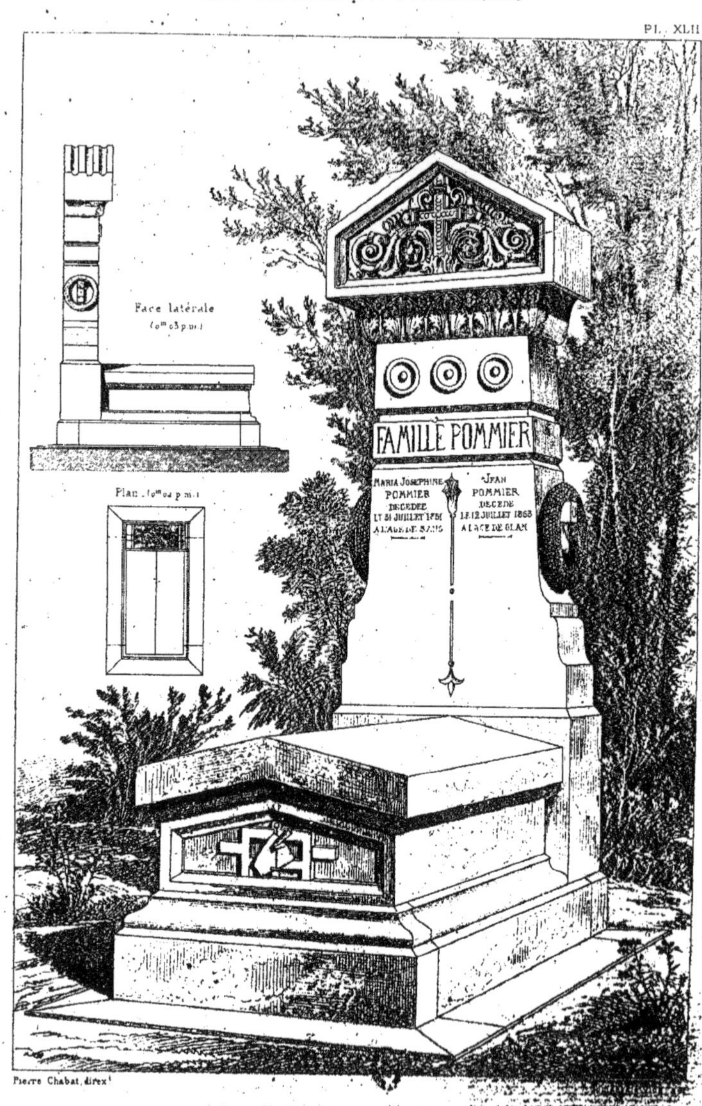

CIMETIÈRE DU MONTPARNASSE

M. WEYLAND, ARCHITECTE ___ M. BISSON MARÉCHAL, MARBRIER

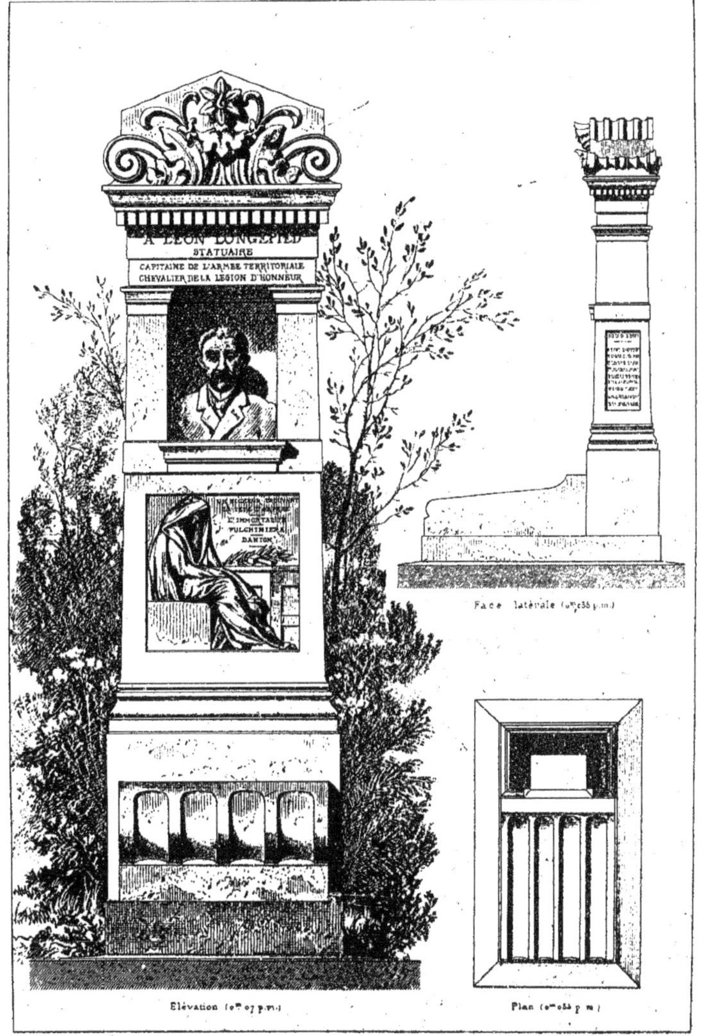

Face latérale (0m,35 p.m.)

Élévation (0m,07 p.m.)

Plan (0m,035 p.m.)

Pierre Chabat, direx!

Tomaszkiewicz sc.

CIMETIERE MONTPARNASSE

Mr POUSSIN, ARCHITECTE. — Mr Mr ROTY ET COUTAN, STATUAIRES

Imprimeries réunies — Éditeurs

Héliog. & Imp. Lemercier & Cie Paris

PL. XLIV

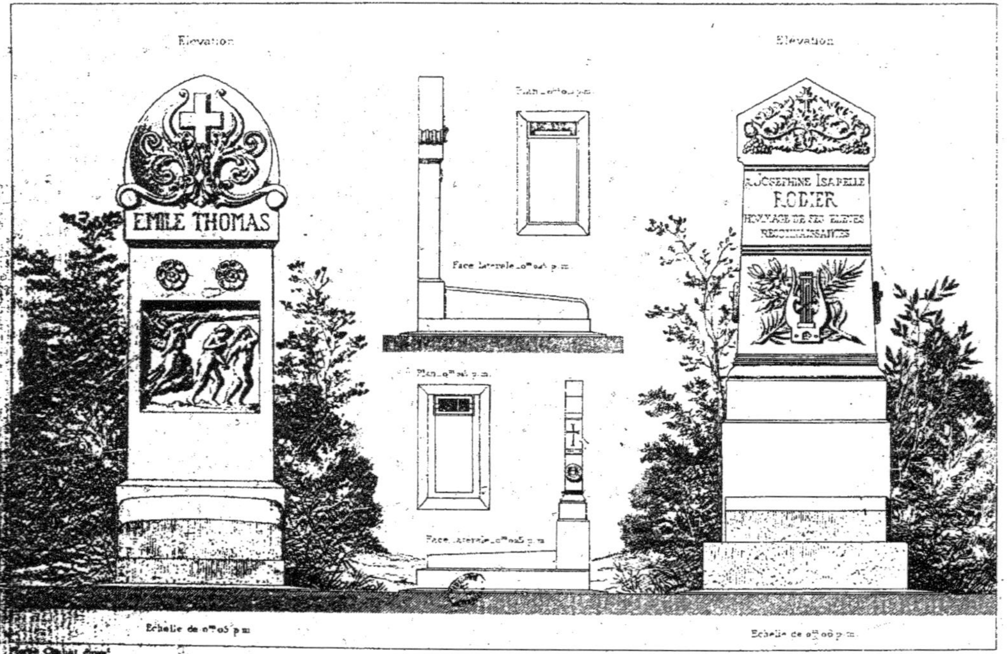

CIMETIÈRE DE NEUILLY.
M. SIMONET, ARCHITECTE

CIMETIÈRE MONTMARTRE
M. ROLIN, ARCHITECTE

ΑΒΓΔΕΖ
ΗΘΙΚΛΜ
ΝΞΟΠΡΣ
ΤΥΦΧΨΩ

α β γ δ ε ζ η ϑ
θ ι χ λ μ ν ξ ο
π ϖ ρ ο ς τ ι υ
φ χ ψ ω

Pierre Chabat, direx.

Tomaszkiewicz sc.

ALPHABET GREC
Majuscules & Minuscules

ABCDE
FGHIJK
LMNOP
QRSTU
VWXYZ

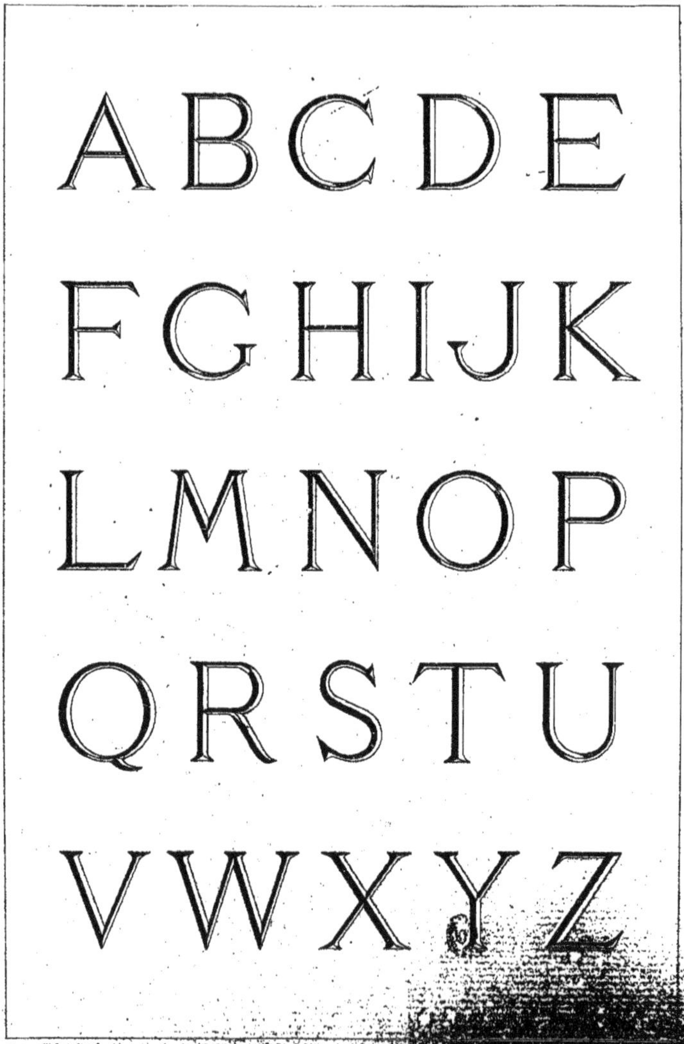

Pierre Chabat, dirext

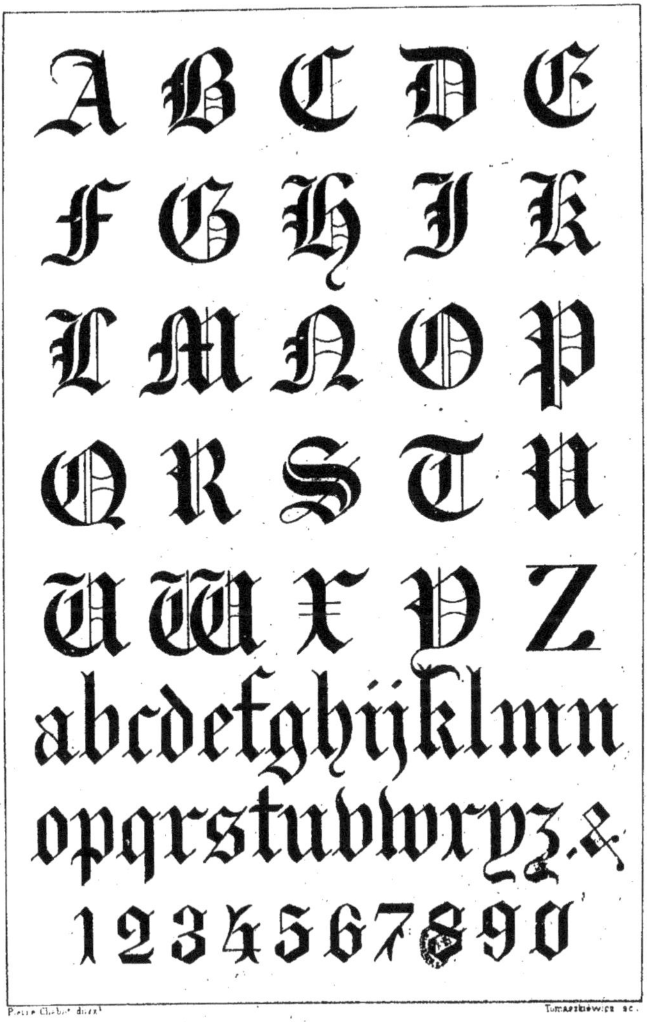

ALPHABET GOTHIQUE

MAJUSCULES — MINUSCULES — CHIFFRES.

Pierre Chabat del.

Tomaszkiewicz sc.

Imprimeries réunies — Éditeurs

Héliog. & Imp. Lemercier & Cie Paris

А Б В Г Д
Е Ж З И І
К Л М Н О
П Р С Т У
Ф Х Ц Ч Ш
Щ Ъ Ы Ь Ѣ
Э Ю Я Ѳ Ѵ Й

Pierre Chabat, direx.̇   Tomaszkiéwicz sc.

ALPHABET RUSSE

PL. XLIX

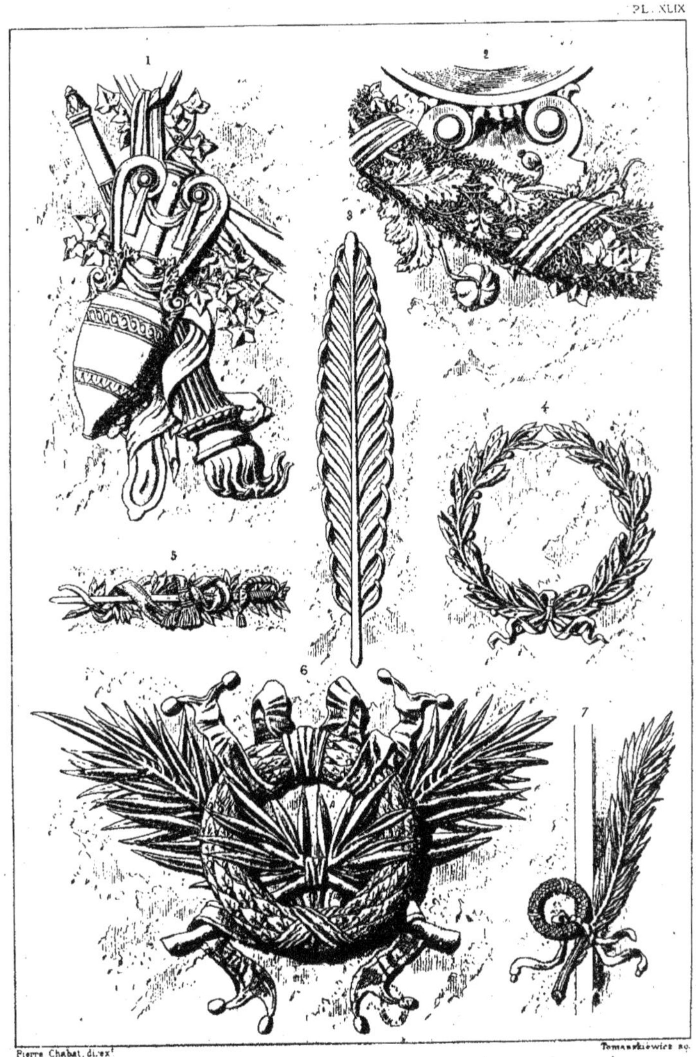

Pierre Chabat, di. ex.

Tomaszkiewicz sq.

ATTRIBUTS

PL. L

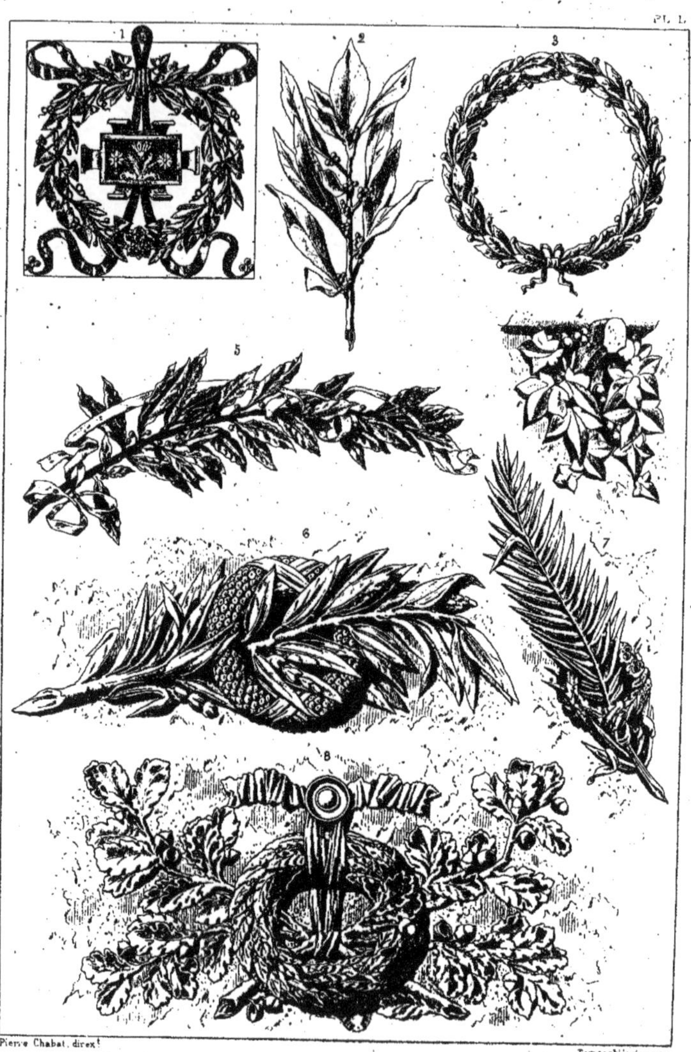

Pierre Chabat, direx.?

Tomaszkiéwicz sc.

ATTRIBUTS

Imprimeries réunies, Editeurs